元朝制度考

[日]箭内亘◎著
陳　捷
陳清泉◎譯

山西出版傳媒集團
山西人民出版社

圖書在版編目(CIP)數據

元朝制度考 / [日]箭内亘著；陳捷，陳清泉譯. —太原：山西人民出版社，2015.9(2024.2重印)
(近代海外漢學名著叢刊 / 鄭培凱主編)
ISBN 978-7-203-09099-1

Ⅰ.①元… Ⅱ.①箭… ②陳… ③陳… Ⅲ.①政治制度史-研究-中國-元代 Ⅳ.①D691.2

中國版本圖書館CIP數據核字(2015)第192787號

元朝制度考

叢刊主編 鄭培凱
著　　者 [日]箭内亘
譯　　者 陳　捷　陳清泉
責任編輯 梁晉華
助理編輯 郭向南

出 版 者 山西出版傳媒集團·山西人民出版社
地　　址 太原市建設南路21號
郵　　編 030012
發行營銷 0351-4922220　4955996　4956039
　　　　 0351-4922127(傳真)
天猫官網 https://sxrmcbs.tmall.com　0351-4922159(電話)
E-mail sxskcb@163.com 發行部
　　　 sxskcb@126.com 總編室
網　　址 www.sxskcb.com

經 銷 者 山西出版傳媒集團·山西人民出版社
承 印 廠 山西出版傳媒集團·山西新華印業有限公司

開　　本 700mm×970mm　1/16
印　　張 14.25
字　　數 107千字
版　　次 2015年9月　第1版
印　　次 2024年2月　第二次印刷
書　　號 ISBN 978-7-203-09099-1
定　　價 71.00圓

近代海外漢學名著叢刊編委會名單

總主編　鄭培凱

編委會　傅　杰　霍　巍　戴　燕（按姓氏筆畫排序）

總策劃　越衆文化傳播·周　威

總監製　南兆旭

統　籌　徐　勝　顔海琴

出版工作委員會

主　任　李廣潔

副主任　姚　軍　石凌虚

委　員　梁晋華　張文穎　秦繼華　馮靈芝

張　潔　崔人杰　王新斐　郭向南

設計總監　李尚斌

設計製作　王秀玲　吴圳龍　何萬峰　歐陽樂天

出版説明

近代海外漢學名著叢刊選取一九四九年以後未再刊行之近代海外漢學作品，編例如次：

一、本叢書遴選之作品在相關學術領域具有一定的代表性，在學術研究方嚮、方法上獨具特色。

二、爲避免重新排印時出錯，本叢書原本原貌影印出版。影印之底本皆經專家組審定，原書字體大小、排版格式均未做大的改變。

三、爲使叢書體例一致，本叢書前言、後記均采用繁體字排版。

四、個别頁碼較少的版本，爲方便裝幀和閲讀，進行了合訂。

五、少數作品有個别破損之處，編者以不改變版本内容爲前提，部分進行修補，難以修復之處保留缺損原狀。

六、原版書中個别錯訛之處，皆照原樣影印，未做修改。

由於叢書規模較大，不足之處，在所難免，殷切期待方家指正。

總序／温故而知新

晚清以來，西力東漸，西方文化思想的著作也大量譯成中文，最著名的如嚴復與林紓的譯著，影響了整個二十世紀中國的知識界與文學界，使得中國文化的思維脈絡爲之丕變。除了西方思想經典、文學與實證科學著作的翻譯，以實證方法系統化探討中國文史的域外漢學，也對中國學術思想界産生了莫大衝擊，改變了中國學術的著述方法與取嚮。

中國傳統的知識結構，是按經史子集四庫分類的，以儒家意識形態的經學爲文化知識的砥柱，以史學爲貫串歷史經驗的殷鑒，至於子部與集部，則是作爲保存文獻、擴大知識面的附帶知識，可以耽情冥想，可以悠遊玩賞，却都是邊緣化的知識，無關聖教的弘揚，無關文化精髓的宏旨。西方文藝復興之後的現代學術體系，在知識分類上，與中國傳統大相徑庭，講究系統分科，不同知識領域各有其客觀存在的價值，有其相對獨立的目的與標準。日本知識界在明治維新以來，鑒於東方文明落後於西方的船堅炮利，率先效法西方，在追求「文明開化」、「脱亞入歐」的過程中，爲日本學術發展循着現代西方的體例，建立了哲學、文學、歷史學、經濟學、法學、商學、物理學、化學、地質學、醫學、農學、工程學、植物學、動物學等等新型學科，企圖與西方學術齊頭並進，從而影響了中國近代學術體系的發展。

本叢刊選印二十世紀上半葉出版的漢學譯著近百冊，分爲三大類：「歷史文化與社會經濟」、「古典文獻與語言文字」、「中外交通與邊疆史」，反映民國時期學術界重視西方及日本漢學研究的成果，藉助他山之石，重新審視中國傳統歷史文化的意義，特别是開拓了傳統學術忽略的領域。五四新文化運動以來，中國學者如蔡元培、胡適都提倡「整理國故」，以理性實證的方法，對中國文化傳統做出系統化的研究，是與這些漢學譯著相輔相成的。這些譯著除了介紹域外漢學的成果，還引進了嶄新的學術研究方法與視角，有助於梳理中國文化傳統的脈絡，重新整合知識結構與學術體系。雖然這些學術著作不是中國學者的成就，無法納入二十世紀中國文史學術的主脈，但是從中文譯本的影響而言，起碼也應當視爲中國近代學術發展的支脈或潛流，不容忽視。可惜的是，到了二十世紀下半葉，因爲兩岸政治形勢的變化，這些漢學譯著，除了部分因王雲五重新入主臺灣商務印書館，而得以在臺灣做了少量的重印，在大陸的出版界，則完全受到遺忘，甚至在許多新成立的大學圖書館中也不見踪影。我們搜集了近百册塵封的漢學譯著，呈現給二十一世紀的中國學術界，一方面是爲了銘記前人爲推展學術而做出的努力，另一方面也是爲了提醒新常態時期的學人，學術發展有其歷史累積的脈絡，可以從中汲取歷史經驗，温故而知新。

説到「温故知新」與這批早期漢學譯著的關係，可以從兩個方面來思考，以見翻譯域外漢學如何反映了時代精神，爲融匯東西方學術思維，重新闡釋中國文化傳承，做出不可磨滅的貢獻。一是域外漢學的研究對象，以中國歷史文化典籍爲主，屬於中西文化碰撞期間興起的「國學」範疇，與五四新文化人物提倡的「整理國故」運動若合符節。研究中國歷史文化，並賦予新的學術意義，是清末民初知識精英念兹在兹的心結。歷史發展走到一個環節，時代的狂風揚起了批判傳統的大旗，風中的英雄幫着推波助瀾，却又無時或忘自己民族文化主體的未來，糾纏於「傳統」能否「現代」的困境。域外漢學的出現，以西方實證方法研究中國歷史文化傳統，綜合東西方各種語言文字材料，擴大了研究國學的眼界，即使無法打開中國文化傳統是否走到盡頭的心結，至少是提供了一個解惑的方嚮，在大霧彌漫的夜晚，看到了依稀渺茫的星光。

二是翻譯域外漢學，有一種以子之矛攻子之盾的吊詭作用，逐漸化解了中國文化思維中的自大心理與封閉心態，讓唯我獨尊的國粹基本教義派解除武裝到牙齒的盔甲，轉而吸收並接受西方實證研究的學風。民國期間新式教育制度的推行、學術體系的變化、大學學術專業的創建，具體到北京大學國學門的成立，中央研究院規劃歷史、語言、考古的研究領域，都與翻譯域外漢學背後的旨意是息息相關的。因此，重新閲覽這批民國期間的漢學譯著，對二十一世紀的現代學人來説，温故而知新，不但可以窺知民國學人追求新知的心理狀態，也會刺激吾人反思，認真思考學術研究方法與中國學術發展的前景，更進一步，探索文化傳統的重新闡釋與新知介入的關係。知識體系的變化當然與傳統的重新闡釋有關，是外爍的影響大呢，還是内因變化的成分居多？

論語·爲政記載孔子説：「温故而知新，可以爲師矣。」歷代解經，對這個「爲師」的道理，有兩種相近似但又取嚮不同的解釋。朱熹四書集注説：「故者，舊所聞。新者，今所得。言學能時習舊聞而每有新得，則所學在我而其應不窮，故可以爲人師。若夫記問之學，則無得於心而所知有限，故學記譏其不足以爲人師，正與此意互相發也。」雖然朱熹把知識分爲「舊所聞」與「新所得」，强調的却是「學而時習之」，從中生發新的心得，也就是從詮釋舊典中得到新知。這個説法與朱熹在鵝湖之會以後，作詩唱和，寫給陸九淵的詩句，「舊學商量加邃密，新知涵養轉深沉」，异曲同工，是一個意思，萬變不離其宗，舊學與新知是同一個脈絡的知識學理。

然而，有些朱熹之前的經學家，解釋「温故知新」，却有不同的取嚮。皇侃論語義疏就説：「故，謂所學已得之事也。所學已得者則温尋之不使忘失，此是月無忘其所能也。新，謂即時所學新得者也。知新，謂日知其所亡也。若學能日知所亡，月無忘所能，此乃可爲人師也。」皇侃明確説到，「故」指的是過去所學的知識，而「新」則指的是新近學到的知識，新舊結合，相互發明，就可以「爲人師」了。邢昺論語注疏循着皇侃的思路，也説：「言舊所學得者，温尋使不忘，是温故也。素所未知，學使知之，是知新也。既温尋故者，又知新者，則可以爲人師也。」這裏講的「素所未知」，就不祇是研讀舊學，有了新的體會，從過去的傳統中發展出的「新知」，而是從來没聽過、没想過的新學問了。這種「素所未知」的新學問，結合「舊所聞」，對習以爲常的知識框架，就會産生巨大的衝擊，而出現飛躍性的結構變化。知識内容或許大體沿襲傳統，知識結構却得以重新整合，出現嶄新的認知系統，重新審視自己文化傳統的意義，打開文化傳承的新局面。二十世紀上半葉的漢學譯作，就發揮了這樣的作用，促使中國學者放棄自我中心的文化態度，從各種不同側面，探知中國歷史文化的光譜，以域外（或是全球）的角度觀測中國傳統，摇動了文化的萬花筒，看到七彩繽紛的中國。

嚴復在甲午戰争之後，改良變法思想風起雲涌之時，開始大量翻譯西方思想經典著作，是有感於國人（特别是傳統文化孕育的知識精英）思維系統封閉，企圖介紹實證新知，引進邏輯思維的方法，以破除儒學之道「一以貫之」與「放之四海而皆準」的虚妄。他翻譯天演論，在序文中提到，有人歸納東西方學術思想，認爲中國文化重精神，是形而上之學，立意高超，而西方文化重物質，是形而下之學，祇追求功利的回報。他認爲，這種自以爲是的蒙昧態度，陷入傳統舊學的框囿而不自知，没有自我反思的能力，無法吸收「素所未知」的新知識，也就無法開展並弘揚自己的文化傳統。嚴復非常清楚他翻譯西方經典的目的，是爲了介紹新知，打破中國傳統思維的封閉性，但是，作爲披荆斬棘的拓荒人，他深知思想封閉者的頑固心理，必須因勢利導，以免遭到盲目衛道之士的攻訐。嚴復有其防身的策略，不會像許褚戰馬超那樣赤膊上陣，而是以桐城文章譯述赫胥黎、斯賓塞、穆勒、亞當·斯密、孟德斯鳩，博得晚清知識精英的贊許，文章深閎而傳入了新知義理。從文化變遷的角度而言，通過翻譯，以迂迴戰術來介紹西方思想，得到巨大的成功，產生了改變傳統思維體系的實效，是中國近代思想史上影響深遠的大事。以此類推，民國時期大量翻譯域外漢學的影響，也是不容忽視的思想史課題。

關於清末民初西方學術思維衝擊中國知識精英，顛覆傳統文化的知識結構，錢穆在現代中國學術論衡的序言中，從中國文化本位的立場，發出深刻的感慨，做了籠統的批評：「文化异，斯學術亦异。中國重和合，西方重分別。民國以來，中國學術界分門別類，務爲專家，與中國傳統通人通儒之學大相違异。循至返讀古籍，格不相入。此其影響將來學術之發展實大，不可不加以討論。」錢穆所指出的問題，是傳統知識體系强調「通」，文史哲不分家，最崇尚通儒，而現代學術講究專業分科，各司其職，以至於讀不通古籍呈現的整體性知識思維。姚名達在撰寫中國目録學史的時候，對西力東漸，西潮帶來的翻譯著作及新知新學，也有類似的感慨：「四部分類法，不合時代也，不僅現代爲然。自道光、咸豐允許西人入國通商傳教以來，繼以派生留學外國，於是東西洋洋籍逐年增多。學問翻新，迴出舊學之外。目録學界之思想不免爲之震蕩。」這種對學術體系發生重大變化的觀察，反映了中國學人從晚清一直到民國，夾在東西方兩種不同思維體系的衝突中，身歷其境的切身感受，因此感觸良多。

二十世紀上半葉最能代表中國學術的通儒是王國維與陳寅恪，他們浸潤了經史子集的四部知識傳統，承繼乾嘉篤實的考據學風，却都經過西洋邏輯思維與實證科學的洗禮，參與中國知識結構的轉型。對西方現代知識結構如何在中國生根發芽，不但再三致意，并且以自己的學術實踐來努力促成。王國維早在一九〇二年就寫信給張之洞，反對把經學列爲大學分科之首，而主張效法西方與日本的大學，設立哲學科，明確指出知識結構的分類不可因循傳統，而必須另起爐竈。陳寅恪在一九二五年就清華大學建制的問題，寫了吾國學術之現狀及清華之職責，指出大學的職責在於學術之獨立，而中國學術界的情況令人十分不滿，必須認真效法西方學術的體制及實踐。他説：「蓋今世治學以世界爲範圍，重在知彼，絕非閉門造車者比。」這兩位國學大師，對西方與日本的漢學研究十分注意，都是以開放態度對待域外漢學研究，集思廣益，以成其大家。

再回到「温故知新」的歷代經解，説説文化傳承的闡釋學意義。劉寶楠在論語正義中指出，上古之時，文化知識是上層統治精英的家學，不再治理實際政事的長者可以傳遞德行的知識，可以爲人師。「温故而知新」，就顯示長者不忘舊時所學，且能吸收新知，繼承并發揚這種學術與政治合一的傳統。到了孔子之時，時代出現了變化，士大夫不見得能够謹守家法，弘揚德行，也不一定能够「爲師」了。孔子之後，世變日亟，「道術爲天下裂」，文化知識不再爲少數統治精英所壟斷，也不必然與治理政事有關，學術在民間百花齊放，百家争鳴。但是，學術知識發展的脈絡基本未變，仍然是要温故知新，進德修業。從劉寶楠不經意的闡釋中，可以看到時代變遷影響了學術文化的内容，改變了知識結構的體系，但其内在發展的理路仍舊，還是需要舊學與新知的融合，才能有所發展。

劉寶楠還引述了劉逢禄的解釋：「故，古也。六經皆述古昔、稱先王者也。知新，謂通其大義，以斟酌後世之製作，漢初經師皆是也。」劉寶楠贊成這個説法，并指出，漢唐人解釋「知新」，大多數都沿用此意。也就是説，舊學是傳統的知識結構體系，新知是時代變化出現的新知識，必須相互斟酌，才能發揮得宜。至於如何對舊學「通其大義」，就見仁見智，各有説法了。從這個通達的詮釋來討論近代西學東漸的情況，我們可以看到，「温故而知新」在民國學人的心底，是産生「傳統」與「現代」糾葛的心理陷阱，不易跨越。若依照朱熹的説法，「學能時習舊聞而每有新得，則所學在我而其應不窮」，雖然在哲理上可以模模糊糊説通，但在清末民初的具體歷史環節，西學的新知屬於完全不同的知識體系，在原有的舊學脈絡中，根本無從立足，如何「其應不窮」？所以，真要放之四海而皆準，提升「温故而知新」的普世意義，以理解域外漢學譯著與近代學術知識體系變遷的文化史意義，我們認爲，皇侃、邢昺，一直到劉寶楠的闡釋，是比較合適，並與現代文化闡釋學的説法相近。

伽達默爾（Hans-Georg Gadamer）在他的名著真理與方法中，説到認知理性與文化傳統的關係，特别指出，人們通過理性，來判斷歷史文化中事實的真相，但是人的理性與生存環境息息相關，與傳統所衍生的豐富文化底蘊有關，不可能完全超越文化傳統的思維脈絡。他認爲，人生活在文化傳統之中，就不可能「遺世獨立」，以全能超越的抽象思辨來認識傳統，甚至是批判或顛覆傳統。傳統是歷史文化延續與傳承的表徵，不會一成不變，而我們的認知理性也會因時代變遷，而不斷重新詮釋傳統。伽達默爾的闡釋學以西方文化傳統爲例，説明新知如何納入傳統，而使文化傳統生機不斷，生生不息，與中國歷代經學家的説法（朱熹除外），有异曲同工之效。以此觀照民國時期的漢學譯著，我們認爲，這批學術新知傳入中國，對中國文化傳統的繁衍與發展，實有承先啓後之功。

近代海外漢學名著叢刊的出版，最值得感謝的是南兆旭先生二十多年來搜羅的執着與努力。雖然這套叢刊不能窮盡民國時期的漢學譯著，但是，能滙集上百册自一九四九年以來在國内不曾重印的學術著作，再度公之於世，總是功不唐捐的大功德。忝爲本叢刊的主編，我面對這批民國學術材料，先是感到紛雜無章，有些原作者的學術素養也難副當前的學術標準，甚爲猶豫。後轉念一想，這是上個世紀中國最紛亂時期的學術記録，也是民生凋敝，國勢隤危，内亂外患交加之際，仍有許多學者孜孜矻矻，戮力翻譯域外漢學，爲中國學術的傳承拓展新知的坦途，不禁肅然起敬，開始用心整理分類。掛一漏萬，在所難免，好在有學殖豐贍的諍友擔任分卷主編，並撰寫各分卷前言，實在是衷心銘感。有傅杰教授負責「歷史文化與社會經濟」、戴燕教授負責「古典文獻與語言文字」、霍巍教授負責「中外交通與邊疆史」，吾道不孤矣。在整理編輯過程中，周威先生費心最多，也是我要衷心感謝的。

道術之存亡，全在人心之嚮背。這批民國漢學譯著重新問世，對我們生長在承平之世的學人，應當有激勵的作用，爲學術研究多盡份力，讓中國學術發展更上一層樓。

鄭培凱

二〇一五年七月

前言 /

在中國近現代學術史上，一個重大的轉折時期出現在清末民初，中國文化和中國學術幾千年來所積澱的自負和驕傲，受到前所未有的衝擊和挑戰。這種壓力既來自外部，也來自於内部，既包含着一個古老民族對於西方列强從政治、軍事、經濟、文化等各個方面强勢壓迫的自然反抗，也有着當時學人從學術傳統、研究範式、價值取嚮、材料方法等深層次的理性思考。在這樣一個大背景之下，陳寅恪先生因主張「一時代之學術，必有其新材料與新問題」而著稱於世，傅斯年先生也因倡導「上窮碧落下黄泉，動手動脚找東西」而聲名顯赫。其實，傅斯年先生這句名言的出處是在他撰寫的歷史語言研究所工作之旨趣一文當中，在講這句話的前面，他還有很長的一段話比較了當時中西學術發展出現的差距，并且指出了學術發展的三項標準：

> （一）凡能直接研究材料，便進步。凡間接的研究前人所研究或前人所創造之系統，而不能繁豐細密的參照所包含的事實，便退步。（二）凡一種學問能擴張他研究的材料便進步，不能的便退步。西洋人研究中國或牽連中國的事物，本來没有很多的成績，因爲他們讀中國的書不能親切，認中國事實不能嚴辯，所以關於一切文字審求、文籍考訂、史事辯别等等，在他們永遠一籌莫展。但他們却有些地方比我們範圍來得寬些。我們中國人多是不會解决史籍上的四裔問題

的，丁謙君的諸史外國傳考證，遠不如沙萬君之譯外國傳、玉連之解大唐西域記、高幾耶之注馬可波羅遊記、米勒之發讀回紇文書，這都不是中國人現在已經辦到的。凡中國人所忽略，如匈奴、鮮卑、突厥、回紇、契丹、女真、蒙古等問題，在歐洲人却施格外的注意……（三）凡一種學問能擴充他做研究時應用的工具的，則進步，不能的，則退步。……西洋人做學問不是去讀書，是動手動脚到處尋找新材料，隨時擴大舊範圍，所以這學問才有四方的發展，嚮上的增高。[一]

他這裏所强調的材料的擴充、方法的進步，尤其舉出研究中國「四裔問題」上西方學術界的重視與所獲成績的例子，實際上都暗含着兩層意思在內：其一，是倡導重視除文獻材料之外地下材料的出土，號召學人不讀死書，而要「動手動脚到處尋找新材料」，才有可能拓展學術空間，「隨時擴大舊範圍」。西方學者古書遠遠不如中國人讀得好，却能够不斷拓展新領域，取得新成績，這是一個重要的原因。其二，是主張將研究空間從傳統的中原地區嚮着邊疆地區（亦即舊籍中的「四裔」）拓展，認爲這將是中國學術未來發展的方嚮。他尤其提到的匈奴、鮮卑、突厥、回紇、契丹、女真、蒙古等問題，都是國人重視不足，但「在歐洲人却施格外的注意」的新問題。直到今天看來，傅斯年先生所倡導的這個方嚮，也仍然具有深遠的戰略眼光。民國時期學術所受海外漢學的影響是多方面的，而其中對於中國邊疆、民族和中外文化關係等方面的研究成果尤其引人注目，也爲時人所重視，都與這個時代背景有着密切的關係。

近代以來，西方學者（包括被國人視爲「東洋」的日本學者在内）的一批學術著作陸續被翻譯成中文出版，成爲當時國人瞭解西方並從而反觀自身的一面鏡子。其中，被選入本套近代海外漢學名著叢刊的許多名

[一] 傅斯年：歷史語言研究所工作之旨趣，國立中央研究院歷史語言研究所集刊第一本第一分，民國十七年十月。

家著作，堪稱其代表之作。這當中，有對中國古代民族史進行深入研究的白鳥庫吉著康居粟特考、帕克（E. H.Parker）所著匈奴史、津田左右吉著渤海史考等名著，也有涉及中國古代民族制度文化史的箭内亘著元朝制度考、元代經略東北考等系列研究專著。尤其是在中外文化交流和關係史方面，日本學者桑原騭藏著唐宋貿易港研究、木宫泰彦著中日交通史等著作，都開啓了這個領域的研究先河，影響甚爲深遠。

這批海外漢學名著的學術特點非常突出，一方面，它們大都充分利用了豐富的中國古代歷史文獻進行精深的文本分析，體現出作者的漢學水平和深厚的古文獻根基；但另一方面，從總體的研究方法上却與傳統的中國學術大相徑庭，作者已經不再像二十四史的史家那樣仍舊站在中原王朝正統史觀的立場來觀察所謂「四裔」，進行粗綫條的描述，而是以西方考古學、人類學、社會學等全新的研究方法和理論對研究對象從歷史語言、地理環境、社會組織結構、人群遷移流動、對外文化交流等不同的層面和角度加以剖析，從而展示出前所未有的學術新格局。在這批著作中，還有一部分屬於作者實地考察的行記，如鳥居龍藏所著東北亞洲搜訪記等，無論其學術水平如何參差不齊，但都體現出西方學術界重視田野工作、擴大和豐富新材料的研究取嚮，也和當時西方學者大規模進入我國邊疆地區開展所謂「考察」、「探險」活動的歷史背景相互呼應，由此對中國學人所產生的激烈震蕩和隨之而來「敦煌學」、「西夏學」、「蒙古學」、「藏學」等新的研究領域的形成，應當説都與之不無關係。

我們不能不注意到，在這批海外漢學名著中，日本學者的著述頗豐，這個特點也反映出近現代學術史上「東洋」與「西洋」之關係。自明治維新以來，日本以「脱亞入歐」爲國家目標，不僅在政治、經濟和軍事上努力以西方爲效仿和追趕對象，在文化上也與傳統的「以中國文化爲師」的模式拉開距離，出現了學術文化上的明顯轉型。在嚮西方學術學習借鑒方面，日本的確走在了中國的前頭，甚至承擔了嚮中國「轉手」輸入西方文化的「中間人」的角色。在中國的邊疆、民族、中西交通史等方面，日本學術界和西方學術界聯繫緊密，將其對中國傳統史籍的精深理解和西方研究範式的具體實踐有效加以結合，產生出一批重量級的學術成果，這也是清末民初投射在中國學術史背景上的一個濃重剪影。

當然也無須諱言，由於時代的局限，這套叢書所能够借以參考、使用的實物史料隨着地上地下考古文物的不斷發現，已經顯得落後。自二十世紀五十年代以來，中國學者在邊疆考古領域取得了重要的成績，尤其是在新疆、西藏、内蒙古、東北各地的田野工作爲匈奴、鮮卑、粟特、吐蕃、突厥等若干古代民族問題的研究都提供了大量新材料，提出了不少新問題。但是我們不能苛求前人，放在當時的歷史背景之下來看，叢書作者所顯現的問題意識、史料運用和研究方法，至今也仍然是具有借鑒作用的。

最後我們還應注意到，這批海外漢學著作的譯者有些是國人知曉的史學名家，如向達先生、趙敏求先生、方壯猷先生等，他們均具有深厚的傳統國學根底，也具有寬廣的國際視野，其中如向達先生曾遊學歐洲多國，在敦煌學、中西文化交流史研究等方面建樹卓越。但是，也還有更多的編譯者今天已經不再爲人知曉，這反而證明了一個事實：在清末民初這個中國近現代學術史轉型時期，西方學術所帶來的衝擊和影響，不僅僅波及少數學術精英，而且也深刻地震蕩着社會各個階層，中國人嚮西方學習從而變革求新、救亡圖存的强烈願望，可以説是這些譯著當年問世時最爲直接的「催生劑」。今天，在中華民族爲實現偉大的民族復興和「中國夢」的美好願景而努力奮鬥的新時代，重讀這套叢書，「温故而知新」，可以説是意味深長。

四川大學教授、博士生道師、教育部長江學者特聘教授

霍巍

作者簡介

著者

箭内亙（Yanai Wataru，一八七五年—一九二六年），日本蒙元史學家，號尚軒。一九〇一年畢業於東京大學史學科。後進大學院，研究中國耶穌教史。一九〇八年參加白鳥庫吉主持的南滿鐵「學術」調查部，爲滿洲歷史地理和滿鮮地理歷史研究報告遼、金、元三朝的主要撰寫人。一九〇九年曾赴中國東北、遼東、遼西地方搜集資料。一生發表論文三十餘篇，內容以蒙元制度史和歷史地理居多。制度史研究方面尤以元之「忽裏勒臺」制度、禁軍和社會階級制度研究爲精；歷史地理方面的主要代表作爲東真國之疆域、元代滿洲疆域、元明時代的滿洲交通路等。

譯者

陳捷，資料不詳。

陳清泉（？—約一九四一年），號味菊、味菊軒主。從事日本名著翻譯，著有諸子百家考，譯有中國音樂史、朝鮮通史、中國經濟史概説等。

元朝制度考

目次

一　元代之官制與兵制……一

第一章　緒言……一

第二章　官制……二

第三章　兵制……三二

二　蒙古庫利爾台(即國會)之研究……五一

第一章　緒言……五一

第二章　庫利爾台之次第……五八

第三章　舉行庫利爾台之地址……一七二
第四章　世祖以後之庫利爾台……一〇〇
第五章　庫利爾台之紛議……一〇八
第六章　結言……一二四
三　元朝牌符考……一三一
第一章　緒言……一三一
第二章　元朝以前之牌符……一三四
第三章　元朝之牌符……一五九
第四章　結論……一八二
四　蒙古之詐馬宴與只孫宴……一八七

一　元代之官制與兵制

第一章　緒言

研究中國歷代制度者，古今不乏其人。然皆精於其他諸朝，而略於元代。甚至完全置諸不論。不獨於制度爲然，一切方面對於元朝，皆不研究。豈漢人以爲屈辱之歷史，不願置論歟？抑因北族情形，難以了解乎？或因元代文化無可觀乎？恐以最後理由爲其主因。如其主因在此，則亦皮相之觀察耳。若對當代歷史，稍加思索；元代戲曲小說之興隆，已爲前代所無。其他一切文化，皆爲前後未曾有之特徵。其及於後世者，亦有多大影響。余因此欲認識其制度；故對於元朝之社會階級，庫利爾台，怯薛，斡耳朶等，已試行論證。此處研究之官制與兵制，則因對象多歧，且研究之日尚淺，不能滿意者極多。然他日若有結論之構成，當必有若干貢獻也。

第二章　官制

元代官制，前在元代社會三階級，元朝斡耳朵考二文中，屢曾論及。此篇專門研究中央及地方之最高官府制度。但與前後諸朝相同者，概從省略；而專舉當代之特徵。

一　中書省

中書之名，起於漢武帝時；與尚書同侍天子，參與政務樞機，遂漸握宰相之實權。中書省之名，始見於魏晉之際。至梁陳之間，遂與秦以來之尚書侍中，各具官屬而儼然爲省。於是尚書，中書，門下，三省鼎立。隋唐因之。尚書省依據從來歷史專統理行政事務，且以施行王命爲任務。中書省對於尚書省等所上之文書，草擬指令。關於國務，則依天子之意志，草擬命令。門下省對於中書省起草之命令，或由天子直下之命令，負審查之任。審查後，認爲可行者，中書省奉之，下於尚書省；尚書省負執行之任。如是者，政務分屬三省，合三省長官，而當古宰相之任。故尚書省，在事務性質上，爲對於禁外之純粹行政府。只中書門下二者，在宮中掌機密耳。二省長官同在禁中政事堂會議政務。此政事堂，名曰中書門下。二省長官之外，又特別委任他官，參與其事。此制起於唐初，呼爲同中書門下平章事；蓋到中書門下平章政務之謂也。當時因元老李世勣魏徵等在此職，故宰相實權，遂由三省長官，移於同中書門下平章事。此習至宋未改。故中書門下二省存在之理由愈薄，至金遂全廢之，政務全歸尚書省。省中長官，置令一人，左右丞相各一人，平章政事二人。以此五人任宰相之事；是爲官制上之一大改革。至是始不復見宰相以外之宰相。(一)

元制略依金制，然不名曰尚書省，而名曰中書省。元人所以不顧隋唐以來之歷史，而以中書省之名，稱其行政府者，其理由安在，尚未能詳。其與金制不同之要點如下：（一）中書省之長官中書令，必以皇太子任之。輟耕錄（卷二二）皇太子署牒條云：「惟皇太子立，必兼中書令樞密使。」據元史紀傳，世祖之皇子眞金，武宗之皇弟愛育黎拔力八達（即仁宗）仁宗之皇子碩德八刺（即英宗）順帝之皇子愛猷識理達臘，皆於册立爲皇太子時，在爲中書令樞密使。成宗元貞元年，高麗忠烈王奏請爲中書令，不許。既不以中書令任命臣下，因而事實上丞相成爲中書省之長官，蓋倣唐制也。文獻通考（卷四九）職官考云：「初唐因隋制，以三省之長中書令，侍中，尚書令，共議國政，此宰相職也。其後以太宗嘗爲尚書令，臣下避不敢居其職，由是僕射爲尚書省長官，與侍中中書令號爲宰相。」可資參考。（二）中書令之下，置丞相二人，右丞相在上，左丞相在下；與歷朝之制不同。蓋蒙古之俗尚右也。（二）（三）右左丞相之下，有平章政事，右左丞，參知政事，皆同金制。右丞居上，左丞居下。（四）金以尚書令，左右丞相，平章政事爲宰相。左右丞，參知政事，爲執政官。元代則自中書令至參知政事，悉稱宰相。（三）但元史百官志，謂平章政事爲「掌機務，貳丞相，凡軍國重事，無不由之。」左右丞爲「副宰相，裁成庶務，號左右轄。」參政爲「副宰相，以參大政，而其職亞於右左丞。」金史百官志，謂左右丞參知政事，爲「爲執政官，爲宰相之貳，佐治省事」，是兩朝之制，亦不甚相異也。

（一）服部博士之支那研究下篇三。

（二）但中書省之官屬左右二司，仍襲前代之制，左司在上，右司次之。

（三）參照本書元代社會三階級注。

二 尚書省

元制既以中書省爲最高行政府，而又置尚書省，與中書省並立者，前後凡三次。尚書中書門下三省並立，雖屬前朝故事；但元代中書尚書二省之職掌與前代之名雖同，而其實全異。玆考其職掌之一斑如左：

元史（卷七）世祖紀云：「至元七年春正月，立尚書省，罷制國用使司。以平章政事忽都答兒爲中書左丞相，國子祭酒許衡爲中書左丞，制國用使阿合馬平章尚書省事，同知制國用使張易同平章尚書省事，制國用使司副使張惠簽制國用使司事李堯咨麥朮丁並參知尚書省事，二月甲申置尚書省署。」卽尚書省只置平章政事同平章政事參知政事，而無右左丞相，無右左丞。則尚書省乃制國用使司廢後，代行其職之官府也。然則制國用使司，爲何等官衙乎？按此官衙，設於至元三年正月。阿合馬爲其長官，稱制國用使。以中書右丞張易爲次官，稱同知制國用使司事。參知政事張惠居其次位，稱制國用副使。張易張惠二人，任命於二月。是月發布制國用使司之條畫，告諭中外官吏。

條畫如何，無由知之。但由其官名察之，再徵於阿合馬之前官爲諸路都運轉使，復由其實際行跡考之；其爲總轄財政上庶務之官銜，殆無容疑。故知制國用使司之後身尚書省之職掌，專在財政方面也。七年五月，尚書省曾奏論諸路課程減額事，論轉運司官屬俸祿事。八年三月，詔使尚書省調查天下戶口。是年五月，許出征諸將，徵發地方軍糧，稱爲「軍前行尚書事」。六月，勑樞密院凡軍事當直奏。但關於錢糧者，應與尚書省協議。則尚書省之職掌所在，更可知矣。

先是中統三年，阿合馬領中書左右部，總財政事務，不欲關白中書省，而得直奏之特權。省臣張文謙等反對之，未果。可知阿合馬欲專財政權之志，蓄之已久。數年之後，阿合馬遂設制國用使司，而自爲其長官，宿望稍遂。然上有中書省，仍多不能如意。故至元七年，升制國用使爲一省，名爲尚書省；徐謀離中書省而獨立。然當初之制，定爲「凡銓選名官，吏部擬定資品，呈尚書省，由尚書咨中書聞奏。」依然不免中書之掣肘。阿合馬自幸仍居平章政事，爲一省之長官，故漸漠視中書省，而自由行動。於是任用私人，不經吏部銓考，不咨中書。中書右丞相安童，論其不可。阿合馬在世祖御前，固爭不已。安童遂讓步曰：自此唯重刑之處分，及上路總管之任免，委之丞相。其餘悉許阿合馬專斷。於是中書之權，殆完全移於尚書矣。既而世祖悟中書尚書二省並立之弊，欲合而爲一。集大臣協議之，阿合馬荐安童爲太師，欲廢中書省而奪其政柄。翰林學士王磐，按察使陳祜等，知其奸謀，極力反對，議遂止。九年正月，廢尚書省，復中書一省之舊。阿合馬與張易同爲中書平章政事，以張惠爲左丞，李堯咨麥朮丁爲參知政事。名雖復舊，實無異尚書一省也。加以右丞相安童，憚世祖而不敢爭。十三年以後，不置右丞相。十五年以後，左丞相亦成虛位。事實上阿合馬爲中書省之長官，專橫愈甚。十九年遂被殺。

二十四年，諸大臣中多主張復興尚書省，世祖許之。是年閏二月，置尚書省。改天下之行中書省，爲行尚書省。改中書六部，爲尚書六部。中書省以安童爲右丞相。平章政事以下，設官如舊；然只占虛位耳。是年十月，尚書平章政事桑哥爲尚書右丞相。其性剛愎，專斷益甚。二十八年正月被罷。五月廢尚書省。於是中書省復總庶政。

武宗之世，爲救財政困難計，又設尚書省；而完全失敗。按武宗本一介武夫，無政治之趣味，無爲君主之修養；徒濫賜諸王大臣，大興土木，因而財政窮乏，鈔法紊亂。至大二年八月，特立尚書省，以皇太子爲尚書令，發行至大銀鈔；並鑄造銅錢。然終無效，徒擾上下而已。及四年正月，武宗崩，仁宗立。乃廢尚書省，改革弊政。

通元之世，三設尚書省，皆因救財政之急，應必要而設置者。及知其弊，又廢之。故元之尚書省，爲特附財政上全權之臨時官府。惟在性質上，必與中書省並立；故兩省並置，遂見諸事實。然以阿合馬、桑哥等剛愎奸猾之徒當其任，而專擅威福；於是中書省之實權，遂全移於尚書，兩省官屬，互相爭執，弊害百出，終復中書一省之舊制。吾故曰，元之尙書省名雖與唐宋金之尙書省同，而其實則全異也。

三 門下省

元世尙書省，既前後設置三次，而與中書省並立矣。其時又有復置門下省之議，欲復三省鼎立之舊制者，亦當注意。元史（卷一六〇）高鳴傳云：

至元七年，議正三省。鳴上封事曰：臣聞三省設自近古，其法由中書出政，移門下議，不合則有駁正，或封還詔書。議合則還移中書，中書移尚書，尚書乃下六部郡國。方今天下大於古，而事益繁。

取決一省，猶曰有壅；況三省乎？且多置官者，求免失政也。但使賢俊萃於一堂，連署參決，自免失政；豈必別官異坐，而後無失政乎？故曰，政貴得人，不貴多官。不如一省便。世祖深然之，議遂罷。

至元七年設置門下省之議，元史所傳者僅此。其爲何人建議，因何事創議，完全不明。但尙書省設置於此年正月；由是察之，殆因中書尙書兩省既已並置，乃更欲置門下省，以復前代之制；只屬單純之尙古的守舊的理由歟？果爾，則倡門下省復活論者，實不知元代之中書尙書兩省職掌，全與前代不同；徒以三省鼎立之虛名，而欲實現於當代者；其固陋不已甚乎？若完全依金初以前之制，欲以尙書省爲最高行政官府，則又不合元代設置尙書省之理由。其被財政當局之峻拒，不亦宜乎？

後至至元十五六年頃，又有復興門下省之議。有人疑一時曾置之者。據元史（卷一二六）廉希憲傳，十五年議立門下省時，世祖欲任希憲爲侍中，皇太子亦遣特使勸其就任。希憲將力疾拜詔，而被阿合馬所阻，不果。又據董文忠傳，（元史卷一四八）十六年，禮部尙書謝昌元，欲絕口書風曉近習奏請之弊，請立門下省，以復封駁制勅之古制。世祖嘉納之，下廷臣議。廷臣薦奏文忠爲侍中云。元史所傳，前後互異，如此；蓋同事異傳者。廉希憲董文忠二人，雖受廷臣推薦，希憲因阿合馬之反對，未能就任。文忠就否，雖不能詳，但曾在世祖前，被近侍惡罵；由此觀之，蓋未肯拜命歟？據董文忠傳，世祖聞謝昌元之議，大喜其適切時宜，欲銳意行之。且顧翰林學士承旨王磐叱責之曰：「如是有益之事，汝入不告，而使南方後至之臣言之，汝用學問何爲？必今日開是省。」（此種叱責，實世祖一時信口之言。十年前曾有此議，對其得失，應有所知也。）似門下省曾實現者。但元史除此兩傳外，絕無門下省之記事。且廉董二人就任侍中事，亦未成事實。蓋當時名實兩方，皆被掌握中書全權之阿合馬所反對，故世祖雖極欲行之，而終不能實現也。

四　行中書省

行中書省者，原稱行中書省事，卽中書省分出於各地方者之意；後遂爲常置之地方行政官府之名。同時又表示其管轄區域，成爲行政區劃之名。又略稱行省；更略稱爲省。此名始起於元，至今仍沿用之。此又地方官制上之一變革也。

元史（卷九一）百官志，述其職掌曰：「行中書省凡十，秩從一品，掌國庶務，統郡縣，鎮邊鄙，與都省爲表裏。」又云：「國初有征伐之役，分任軍民之事，皆稱行省，未有定制。」此殆指太祖十二年，封木華黎爲太師國王都行省；（木華黎傳）十五年以嚴實爲彰德等州之行尚書省事；（太祖紀）二十二年，任李全爲淮南楚州行省；（李璮傳）憲宗元年，任牙剌瓦赤，不只兒斡魯不覩答兒等爲燕京等處行尚書省事，任訥懷，塔剌海，麻速忽等爲別失八里等行尚書省事；任阿兒渾爲阿田河等處行尚書省事；（憲宗紀）使都元帥察罕兼領尚書省事（本傳）等事者也。又曰：「中統至元間，始分立行中書省。因事設官，官不必備，皆以省官出領其事。其丞相皆以宰執行某處省事繫銜。」此乃指中統元年，使中書右丞相廉希憲行秦蜀行省事；（世祖紀）二年，以右丞粘合南合，行中興行省事；右丞張啓元行平陽太原等路行省事（同上）至元二年，參知政事張惠行山東行省事（本傳）翌年左丞相耶律鑄代之（本傳）者。其例甚多。故知行省之名，自中統元年以來已用之，惟其備設行省專任丞相以下官屬，實自至元十一年始。卽世祖紀所謂「至元十一年三月辛卯，改荆湖淮西二行樞密院爲二行中書省，伯顏，史天澤並爲左丞相，阿朮爲平章政事，阿里海牙爲右丞，呂文煥爲參知政事，行中書省於荆湖，合答爲左丞相，劉整爲左丞，塔出，董文炳爲參知政事，行中書省於淮西」者是也，然號令必出於一途。故從史天澤之議，以同年八月，廢淮西行省，而爲行院。只存荆湖行省；於是大舉南下而攻宋。可知荆湖行省爲征伐外國時臨時所設之大本營。與至元十七年以後之日本行省（征東行省）十八年之占城行省，二十三年之緬中行省，交趾行省等，性質相同。地方行政最高官府之行省中設置丞相，雖非絕無；然實極少矣。多以平章政事爲其長官。（一）故至元二十三年七月，定中書省以下諸官名額時，亦云「行中書省平章政事二員，左右丞並一員，參知政事，簽行省事並二員」也。百官志謂：「每省丞相一員，從一品；平章二員，從一品；右丞一員，左丞一員，正二品；參知政事二員，從二品」云云，實不免疏略之謗。

順帝至正十一年，曾於行省之外，設中書分省。斯時國祚已危，名爵日濫，原非一代之制，始置不論。（二）

（一）特別要地有置丞相者。如元史（卷一四）世祖紀云：「至元二十三年二月，立東京等處行中書省，以闊闊你敦爲左丞相，塔出右丞，楊仁風，亦而撒合並爲參知政事」即其一例也。

（二）元史卷九二百官志。

五　御史臺與行御史臺

御史之名，起於周。至漢始置御史府，以御史大夫爲其長官。內長糾察百官，外司監察地方行政。後漢改爲御史臺，歷朝因之。元代亦然。明代改稱都察院。

元之御史臺，根據高智耀張雄飛等之建議，以至元五年七月設置。任中書右丞塔察兒爲御史大夫。世祖特下詔普求天下直言。詳見元史本紀及高張二傳。其官制，及品秩定額之沿革，略載於元史百官志；但不免疎漏。玆就其重要者，略述於左：

御史臺，由以御史大夫爲其長官之御史臺，與其屬下之殿中司，及察院組成，卽倣唐之三院（臺院，殿院，察院）制者也。別有行御史臺，提刑按察司。行御史臺之於御史臺，亦如行中書省之於中書省。提刑按察司，分屬於御史臺行御史臺，掌管監督糾劾地方官。至元二十八年二月，改稱肅政廉訪司。

御史臺
- 御史臺（內臺又稱中臺）(一)——內八道肅政廉訪司（廉訪使二員）
  - 御史大夫一員
  - 殿中司（侍御史二員）
  - 察院（內察院）（監察御史三十二員）
- 行御史臺（行臺）（御史大夫一員）
  - 江南行臺（南臺）——江南十道肅政廉訪司（廉訪使二員）
  - 陝西行臺（西臺）——陝西四道肅政廉訪司（廉訪使二員）
  - 察院（監察御史二十八員）

提刑按察司，自至元六年二月置於四道始。爾後隨道之增置而益增，終成二十四司。行御史臺，於至元十四年七月，始置於揚州，稱江南行御史臺。二十一年閏五月遷於杭州。二十二年二月徙於江州。同年五月再徙於杭州。二十三年四月徙於建康。二十六年五月復還揚州。二十七年五月，置行御史臺於中慶，名雲南行御史臺。於是始有二行臺。然雲南行臺於二十九年八月一度被罷。三十年二月復舊。大德二年十一月移於京兆，稱陝西行御史臺。（成宗紀）

（一）中臺西臺南臺之名見葉士奇之草木子卷三雜制篇。

六　樞密院

唐代宗永泰中，始置內樞密使，以宦官董廷秀任之，是爲樞密院之濫觴。特冠以內字者，以宦官居之故也。其職掌立於天子與政府之間，授受文書，傳達詔旨。唐末宦官極暴橫時，以楊復恭等爲樞密使，奪宰相之權，其弊益甚。五代時稍有變遷。宋之興也，以樞密院與中書省相對，前者掌武事，後者掌文事，號曰二府。自是樞密院始爲堂之中央官府之一。宋太祖卽位之年，以魏仁浦吳興祚爲樞密使，趙普爲副使。太宗時，置簽書樞密院事，同知樞密院事二官。英宗之世，設同簽書樞密院事之官。同知樞密院事（略稱曰同知院事又略稱曰同知）爲知樞密院事（略稱曰知院事又略稱曰知院）之次官。知樞密院事之起原，自後晉天福年間，以翰林學士尚書禮部侍郎桑維翰補此官始。據宋初之制，稱樞密院長官爲使時，次官稱副使。稱知院時，次官稱同知。然至神宗熙寧元年，文彥博呂公弼二人已爲樞密使，韓維邵亢二人爲副使時，因陳升之曾三度入樞密院，其功績顯著，特任爲知院。於是使、知院、副使三官，並居樞密院，而開一新例。蓋陳升之爲王安石之黨，安石特置之樞府，以抑文彥博者。元豐五年改革官制之際，有欲廢樞密院，以兵權歸兵部者，神宗認省院並立，有互相維制之必要，不許。但自此次改革後，樞密院之使、副使、簽書樞密院事，（略稱爲簽書院事，或簽樞，或簽書）同簽書樞密院事（略稱同簽書院事，或同簽樞或同簽書）等悉廢，以知院、同知院等代之。元祐之初，簽書、同簽書復活。南宋之初，有知院、同知院、簽樞、同簽樞。紹興七年，依舊制，復樞密使，使宰相張浚兼之。趙鼎秦檜亦以左右僕射兼之。其後或兼或否。開禧以後，又爲宰相之兼任，直至宋末皆然。

遼之樞密院，倣五代之制；但有治契丹人之北院，與統漢人之南院，凡兩院。此爲遼制之特色。兩院皆以掌兵事爲主，然亦非不預民政也，南樞密院尤然。

金之樞密院，天輔七年，始置於廣寧府，以左企弓爲樞密使。當時以統治新領之漢地爲目的，故其職掌，兼軍事與民事。其後專統軍事。詳見於金史百官志等，茲不復贅。(一)

（一）以上自唐以來之沿革根據文獻通考，唐書，宋史，遼史，金史之職官志（百官志）等。

元之樞密院，自中統四年五月創設，以皇太子眞金（燕王）爲其長官。試讀元史百官志所謂「樞密院，秩從一品，掌天下兵甲機密之務……世祖中統四年置樞密副使二員，僉書樞密事一員。至元七年置同知樞密院事一員，院判一員。二十八年，始置知院一員……」無論何人皆知爲折衷宋金之制者。然若未知前朝之制度，則不能了解當代樞密院之官制。此吾所以略述唐代以來之沿革於前也。

百官志無樞密院使官名。然由上述本院之沿革考之，在至元二十八年，置知院爲院之長官後，固不必言；其前當設置本院時，既置有樞密副使，則其時當已設有樞密使矣。世祖紀曰：「中統四年五月乙酉，初立樞密院，以皇子燕王守中書令，兼判樞密院事。」裕宗傳云：「至元十年二月，立爲皇太子，仍兼中書令，判樞密院事。」則皇子（皇太子）眞金爲中書省之長官，同時又爲樞密院之長官也，無疑矣。按元典章，從一品資格之職名中，記有樞密使之名。又元史卷一四八董文忠傳云：「至元十六年十月奏曰，陛下始以燕王爲中書令樞密使……」則本紀及裕宗傳，所謂判樞密院事者，卽兼樞密使之官之意通元朝一代，皆設有樞密使之官，且以皇太子兼之；據散見於元史紀傳之故事，無庸疑也。(一)而元史百官志中書省條，對於中書令有記載；而樞密條，對於樞密使則無一言；不得不謂編者之疏漏也。(二)

置院之初，以皇子眞金爲院使。其下僅置副使二人，僉書樞密事（略名僉書，又名僉樞）一人。至至元七年，副使之上，置同知樞密院事一人，僉書樞密事之下，置院判一人。於是設官略備。二十三年增僉樞一名；二十八年，於同知之上，置知院（知樞密院之略稱）一名；增院判一名。大德十年，僉樞之下，置同僉樞。（同僉書樞密院之略稱，又稱同僉）爾後人員雖有增減，而設官則無變化。但有應注意者，四宿衛（即四怯薛）自置院之始，即各出代表一人，參與院議。中書省則於至元二十八年後，派平章政事二人(三)參決院事，是也。怯薛與各衛不同，立於樞密院管轄之外，親當皇帝身邊之護衛，但天子出征時，亦與其他諸軍共同從軍。因此關係，而參與樞密院之議事，亦理所當然；故其制爲永行者。至於中書省派平章政事參與軍事，原因不詳；據百官志，參與院議之平章政事，稱議事平章。（武宗紀所謂平章政事商議樞密院事之略稱）世祖至元二十八年始置之，至武宗至大三年廢止云。至元二十八年，爲桑哥失勢，及尙書省被廢之年。至大三年，爲尙書省復興之年。則尙書省之存廢，與議事平章之存廢，似有關係。然妄揣無益，姑闕疑焉。

(一)參照元代社會三階級註

(二)但元史卷九二百官志略，敍元末之官制條云：「至正十三年六月，令皇太子領樞密如舊制」可補其缺。

(三)元史卷九二，百官志云：「正至七年，知樞密院阿吉剌奏樞密院故事，亦設議事平章二人，有旨復置。」

七　行樞密院

中書省有行中書省，御史臺有行御史臺；樞密院亦有行樞密院。略稱行院，又稱行省行臺。然百官志云：「大征伐則止曰行院，爲一方一事而設則稱某處行樞密院，」是明爲編者之誤解。至元十一年，攻宋之大戰役，所置荆湖淮西二行院，亦記爲行樞密院。試一觀世祖紀，卽可知矣。故行樞密院之外無行院，行院之外無行樞密院也。

中統四年五月，置樞密院。七月，已有西川行樞密院。本紀所謂「七月以成都經略司，隸西川行院，八月戊午以阿脫商挺行樞密院於成都，凡成都，順慶，潼川都元帥府，並聽節制。至元元年三月辛丑，詔四川行院，命阿脫專掌軍政。其刑名錢穀，商挺任之。」（元史卷五）與百官志所謂「西川行樞密院，中統四年始置，設官二員，管四川軍民課稅交鈔打捕鷹房人匠及各投下應管公事節制官吏諸色人等並軍官遷授征進等事，始置於成都，」相應。因治所在成都，故稱西川行院；因總轄四川全部軍民，故又稱四川行院。及經略進步，有以民政爲主之必要，故至元三年十二月，改四川行樞密院，爲四川行中書省。至十年四月罷行省，分四川爲二，置東川（重慶）西川（成都）二行院。合剌汪良臣二人各爲其長官，專當經略之事。爾後屢有分合，合則稱四川行院。

至元十年以後，荆湖，淮西，揚州，江淮，岳川，沿江，江西，鄂州等行院，先後設置。此乃以征伐南宋，及征服後經略爲目的者，皆可謂臨時所設之官。其後廢合類繁，治所屢移。至元二十八年皆罷，以其事歸中書省。

要之行樞密院，乃專因征伐，置之於特別地方者。其間雖時掌民政，但其後則專以征伐或鎭撫爲目的。故征服南宋之前後，尤以大江南北爲多。百官志雖設江南行樞密院一條，但無此名之行院。

又其條下所舉之行院，亦不皆在江南；但皆以攻取江南之南宋爲目的而設者，故總稱曰江南行樞密院。

武宗以後，甘肅，河南，嶺北三行院，相繼設立，與行省並立，而各掌其軍事；直至元末皆然。但順帝至元三年，所置之四川，湖廣，江西，江浙四行院，翌年卽廢。其後所置諸行院，亦同爲鎭撫內亂，而臨時設置者，無特別記述之必要。

順帝時，中書省有分省，樞密院亦有分院。至正十五年，置於衞輝，彰德，直沽三處。十六年置於沂州。蓋次於行院，而掌一地方之軍政者也。

八　拉施特 (Rashid-uddin) 之記載

Rashid-uddin 關於元代官制之記載，Von Hammer Purgstall, Klaproth, D. Ohsson, Yule（一）等諸氏，曾翻譯之，或研究之。但除中國史籍所已載者外，未見有何等新奇事實；反含有若干誤謬，殆無研究之價值。但究屬如何誤謬？又何故誤傳？若能知之，亦可作推斷 Rashid-uddin 記載中國史事之價值之一助；且足補前人研究之不足。茲據左列 Yule 之譯文，僅就關於宰相之部分，(Cathay, pp. 263–265) 加以考察。

The great princes who have the rank of Mazirs among those people have thd title of Chingsang; commanders in chief of the army have that of Thaifu; ane chiefs of ten thousand soldiers are called Wanshi.

Chingsang 之爲丞相，諸家已言之矣。Thaifu 雖似大夫之對音，但大夫爲御史臺之長官，非總軍事之樞密院長官也。樞密院之長官名樞密使。（略稱院使，或單稱使，又稱知院）Rashid-uddin 殆欲記樞密院之長官，而誤記御史臺之長官者歟？或原文傳寫之際，將包含御史臺之名，與樞密院使之名者，脫漏而致此乎？Wanshi 爲 Wanhu 等之誤，當即萬戶之對音。

Those Princes Mazirs and chief officers of the council who are either Tajiks, native Cathayans, or Ighurs, have the title of Fanchan, strictly speaking, the council of state is composed of four Chingsang or great officers, and of four

Fanchan, taken from the nations of the Tajiks, Cathayans, Ighurs and Arkhaun These latter act as inspectors on behalf of the council

Fanchan誠如諸家之言，爲平章（平章政事）之訛。Tajik爲大食之對音，即元史所謂回回者也。Cathayan爲契丹之對音，指漢人。Ighur當即畏吾兒之對音。arkhaun，爲散見於元史之「也里可温」之對音，爲指基督教徒者無疑。謂丞相平章各四人，且謂平章獨爲政府之監察官，皆失正鵠。

（一）H. Yule, Cathay and the Way Thirther. pp.253-267

The whole gradation of dignitaries and officers of state as follows:—1. The Chingsang or Wazirs 2. The great officers of the army, who make their reports to the Chingsang, however exalted their rank may be. 3. The Fanchan or associated members of the Council of State, taken from the different nations specified. 4. Yer Jing or first class Jing. 5. ur Jing or second class Jing. 6. sam Jing or third class Jing. 7. semi (?) 8. sisan Baljun. These are book-keepers and of inferior consideration 9…………

丞相，平章，一丞（右丞）二丞（左丞）三丞（參政）等名稱之次序，大略無誤。惟sisan-Baljun何指，不詳。

In the time of kublai khan the Chingsang chosen from among the princes were Haitun noyan, Uchaar, oljai Tarkhan, and Dashiman. Haitun Noyan is now no more, but the others remain in office as the Chingsang of Timur khan

Haitun Noyán，當爲安童那顏（Antun-noyan）之對音。安童，爲元朝創業元勳木華黎四世孫，受世祖之信任。自至元二年以來，常居右丞相之任。二十八年春罷。三十年正月薨。安童那顏之名，在中國史籍中，似無所見。但那顏在蒙古語爲官人之意，當時有此稱呼者不少，則用於安童亦不足怪。Oljai Tarkhan當爲完澤答剌罕（Olje Tarkhan）之對音。至元二十八年一月，桑哥失敗之後，完澤於二月爲尚書右丞相。五月尚書省廢，改任中書右丞相。三十一年世祖崩，遺詔命其迎立成宗鐵木耳，故常爲右丞相，居大臣之首班。大德七年薨。Tarkhan，在蒙古語爲自在之義，爲受天子殊寵之人之稱號，其例不少。(一)Dashiman爲答失蠻之對音。成宗紀元貞元年十月條，受征伐西北叛王（海都）之命之平章軍國重事，爲答失蠻（元史卷一八）殆即其人乎；二年三月條，有宣政院使答失蠻之名。其爲同名異人否？不詳。Uchaar之名，世祖成宗二朝大臣中未曾見之。

(一)參照成吉思汗實錄三六六頁，Schmidt之蒙德德字書中，有"Darkhan, ein in den adelstand Erhobener, oder von abgahen Befreiter"

Formerly the office of Fanchan was only bestowed on Cathayans, but it is now held also by mongols, Tajiks, and Ighurs.

任平章政事者，限於漢人一事，惟世祖中統元年爲然。其後絕無此例。中統二年，塔察兒（蒙古人）賽典赤（回回人）廉希憲（畏吾兒人）王文統（漢人）四人，爲平章政事。但自中統元年至至元三年七年之間，漢人常被任用，外國人數未加耳。

The chief Fanchan is called Su Fanchan or the select Fanchan. In our day under the reign of Timur Khan the Chief of the whole number is Bayan Fanchan, the son of the Sayad Nasiruddin, who was the son of Sayad Ajal, and who bears the same title. The second, Omer Fanchan is also a Mongol The third, Ike Fanchan, is an Ighur. Before him the office was filled by Lajan Fanchan, brother of his Excellency Su Fanchan, his son is called Karmanak. The fourth Paighamish Fanchan, Whose place was formerly occupied by Timur Fanchan, is an Ighur

Su Fanchan 之 Su，爲何字之對音？不詳。但元史（卷一七）世祖紀，至元三十年條，有「十一月己卯，河南江北行省平章伯顏，入爲中書平章政事，位帖哥，剌眞，不忽木上」所謂Bayan Fanchan 者，當即伯顏。伯顏於成宗即位之後，依然在平章政事之職。大德七年三月，因受賄被罷。翌年八月復職。直至同十年閏正月皆在職。本文謂伯顏平章，爲 Sayad Ajal 之子 Sayad Nasiruddin 之子云。Sayad Ajal 爲元史賽典赤之譯音，回回貴族之稱也。此處乃指贍思丁 (Shams ud-din)

一名烏馬兒(Omar)者。元史卷一二五有傳。(一) 其子 Sayad Nasiruddin 乃指贍思丁之子納速剌丁者。Sayad當爲 Sayad Ajal 之略稱。據元史本傳，納速剌丁之子十二人，而逸去五人之名，只傳七人之官與名。失名之五人或早世或不足傳歟？七人卽伯顏，（中書平章政事）烏馬兒（江浙行省平章政事）劄法兒，（荊湖宣慰使）忽先，（雲南行省平章政事）沙的，（雲南行省左丞）阿容，（太常禮儀院使）伯顏察兒，（中書平章政事）是也。則納速剌丁之長子伯顏，當卽 Rashid-uddin 所謂 Bayan Fanchan 矣。Bretschneider (二) 以伯顏察兒擬之。Cordier (三) 亦承其說，可謂完全誤解。(四) 但 D' Ohsson 在成宗鐵木耳卽位之記事中，依據Rashid-uddin之書注云：

Bayan Fentchan conserva le ministére des finances, et recut le surnom le Seyid-Edjell, fort considéré Chez les Mongols, qui sétoient habitués á le regarder comme appartenant an chef de I' adminstration. (Histoire des Mongols, 11, 507-508)

以此與本文中記爲 Sayad Nasiruddin 者相參考，則知贍思丁納速剌丁伯顏三人世世襲用此稱號。由此可知元史宰相表所以記元貞二年之平章爲伯顏，其前後又記爲賽典赤，前後宛如

二人者，雖屬記者之疏漏，亦非無因也。(五)

（一）據 Rashid-uddin 之記載，為 Boukhard 之人，其孫 Aboubiker 一名 Bayan Fentchan，為泉州知事云。

(D' Ohsson, 11, 367, note)

（二）Mediaeval Researches, 1, 271,

（三）Yule and Cordier, Marco Polo, 11, 104 note 1,

（四）伯顏察兒，據元史卷一八成宗紀云：「至元三十一年十一月丁巳，以伯顏察兒參議中書省事。其兄伯顏言曰：臣叨平章政事，兄弟宜相嫌避。帝曰：卿勿復言，兄平章於上，弟參議於下，何所嫌也。」據元史宰相表，泰定三年十二月為平章政事，四年亦在職。泰定帝紀謂：泰定四年七月，與其同僚兀伯都剌（宰相表之烏伯都剌）同以病乞辭職，不許。明宗紀及文宗紀云：翌年（致和元年）八月，與烏伯都剌，同被鐵木兒等所縛，九月，被竄謫。其贈官贈謚在何時，不明。但中書平章政事之伯顏察兒之名，他無所見。故為指納速剌丁之子伯顏察兒者無疑。

（五）但 Rashid 及 'Ohsson，謂 Seyid-Edjell（賽典赤）之稱號，為蒙古人呼政府長官者云云，當係誤解。Shams-uddin受太祖之寵任，「以賽典赤呼之而不名」，雖為事實，但以此語為一般的尊稱，則他處全無所見。

次就所謂 Omar Fanchan 考之，自世祖朝至成宗朝，中書平章政事中，不見有 Omar 之名。此殆全爲 Rashid-uddin 傳聞之誤，或傳聞伯顏之弟爲江浙行省平章政事者之烏馬兒之名，遂誤解爲居中書省者乎？或因一般以賽典赤之名呼伯顏，遂誤解伯顏之外別有平章賽典赤其人，又因伯顏之祖父賽典赤贍思丁，一名烏馬兒，遂有烏馬兒平章之名乎？又本文謂「Omar Fanchan 亦蒙古人，」但此爲回回人無疑。據 D'Ohsson 爲 Bokhara 人，故 Omar 當解作回回人之名。

Ike Fanchan 之名亦不見於中國史籍，故知 Ike 爲 Teke 之誤，即指帖可。又以鐵哥之名見於元史者。元史卷一二五鐵哥傳云：「姓伽乃氏，迦葉彌兒人……至元二十九年進榮祿大夫中書平章政事……（成宗）大德三年乞解機務，從之，仍授平章政事，議中書省事……七年，復拜中書平章政事……」宰相表自至元二十九年至大德三年，自大德八年至十一年，平章政事中亦有帖可之名。世祖紀至元二十九年三月條云：「己酉以大司農同知宣徽院事兼領尚膳監事鐵哥，翰林學士承旨通政院使兼知尙乘寺剌眞，並爲中書平章政事，兼領舊職。」此剌眞，當即 Rashid-uddin 之所謂 Lajan Fanchan。但剌眞非伯顏之弟，又非鐵哥之前任，恐係誤傳。據小雲石脫忽憐傳

（元史卷一三四）臘眞（即剌眞）爲畏吾人脫忽憐之孫；其子察乃，亦任中書平章政事。察乃，或即 Rashid-uddin 之所謂 Karmanah 者乎？本文以 Ike（即Teke）爲 Ighur（畏吾兒）蓋與 Lajan 之國籍混同者。元史謂爲迦葉彌兒(Kashmir)人，可從。

第四平章 Paighamish Fanchan，殆即不忽木平章也。據元史（卷一六）世祖紀（卷一八）成宗紀，至元二十八年二月，翰林學士承旨不忽木在右丞相完澤之下，爲尙書省平章政事。五月尙書省廢，同入中書。完澤爲右丞相，不忽木爲平章政事。不忽木後赴陝西爲行省平章政事。三十一年七月，成宗命其復任前官。元貞二年，薦叚貞自代，大德四年歿。本文雖云畏吾兒人，但元史本傳云康里人，可從。Paighamish 之前任者 Timur Fanchan，殆即世祖紀之鐵木兒。至元二十四年閏二月，再置尙書省時，鐵木兒與桑哥同爲平章政事。年表作帖木兒。至二十八年仍在職。此年二月不忽木所以爲尙書平章政事者，蓋因鐵木兒退職（或死）故也。

總括上文所述，Rashid-uddin 謂 Kublai Khan（忽必烈汗即世祖）時，（蓋指晚年）爲丞相者，有 Haitun(實 antun 安童) Uchaar, Oljei (Oljei 完澤) Dashiman 答失蠻。四人，安童

既故，在 Timur Khan（鉄木耳汗卽成宗）時爲丞相者，雖云係其他三人，但自至元二十九年以來，只完澤一人爲丞相。故謂其他二人爲丞相者，誤也。又謂平章政事爲 Bayan（伯顏一名賽典赤）Omar（烏馬兒?）Iké（實Teke 鉄哥又作帖可）Paighamish（不忽木）四人；但Omar實誤，當以 Lajan（剌眞又臘眞）代之。此種考證，若得正鵠，則 Rashid-uddin 此種記事，蓋書於成宗之元貞元年，（西曆一二九五年回曆六九四—五年）或其翌年者。據年表，元年之平章政事，賽典赤（卽伯顏）帖可，剌眞，不忽木，四人之外，雖有麥朮督丁；但彼以此年五月進爲平章軍國重事，非眞正之中書平章政事矣。又二年條，前記四人之外，雖仍有段那海，（一名段眞）但是年二月，不忽木爲平章軍國事，以段眞代之，故 Rashid-uddin 所舉之四人，同時爲平章政事者，只限於元貞元年五月至二年二月之間。

第二章 兵制

元代兵制，本書元朝怯薛考中，曾詳論其所謂宿衞諸軍。元代之東蒙古中，又論及太祖時代之兵制及兵數。至中央政府統轄軍事之樞密院官制，已於前篇述之。此處則分創業時代，與世祖以後二章，述前記諸問題以外之一部。若欲首尾完結，仍當俟諸異日。

一 創業時代

元朝創業時代之兵制，留傳於史籍者不少。尤以蒙韃事略，元朝祕史，元史等爲最重要，而黑韃事略，尤足以資參考。事略所謂「其軍即民之年十五以上」者，即元史卷九八兵志所謂「其法，家有男子，十五以上七十以下，無衆寡，盡僉爲兵」（敍語條）即太祖時代之制也。與太宗時代之制，所謂「每一牌子，僉軍一名，限於二十以上三十以下者充」（兵制條）者稍異。又事略云：「有騎士而無步卒。」蒙韃備錄有云：「韃人生長鞍馬間，人自習戰，自春徂冬旦旦逐獵，乃其生涯，故無步卒，悉是騎軍。」皆足補元史以下之缺。太祖太宗時代蒙古軍在西域異常戰勝之原因，Kanamzin, Ramband, Ivanin 等諸家所言，(一)雖足一聽，尤以 Kelly 氏所謂「當戰術尚未進步時代，在開豁地中騎兵常見優越，而蒙人則有當時世界第一優良之騎兵」(二)以此蒙古戰勝之第一原因，實最妥當之見解也。果爾，則黑韃事略所述「韃人養馬之法」「其軍器」「其軍粮」「其行軍」「其營」「其陣」「其破敵」諸條，實爲研究蒙古人當時戰術及戰略之絕好資料。所惜者，關於兵制，全無記載；僅記「五十騎爲之一糾」與八都魯軍之名（團隊之名）耳。然所謂「其民戶，體統十人，謂之排子頭。自十而百，百而千，千而萬，各有長」云云，雖就民政官名而言，同時亦表示軍隊編制爲十進法者；與蒙韃備錄以下諸書之紀載足相發明，無庸疑矣。元史云：「考之國初典兵之官，視兵數多寡，爲爵秩崇卑，長萬夫者爲萬戶，千夫者爲千戶，百夫者爲百戶。」「十人爲一牌，設牌頭，上馬則備戰鬭，下馬則屯聚牧養。」（兵志敍語）當時之兵制之可徵於文獻者，只此編制與官名耳。按千夫長百夫長之名稱見於古尚書之周書牧誓，然周之兵制，實非十進法；大體爲五進法，徵於周禮自明。然前人曾云千夫長百夫長之制，不已得之於戎狄乎？按東洋軍隊十進法編制之起原，雖難遽決；但匈奴有萬騎，千長，百長，什長，（史記漢書之匈奴傳）萬騎殆卽後世之萬戶也。匈奴單于，最初爲中國所知者曰頭曼；頭曼爲蒙古語 Tümen 土耳其語 Tümän 之譯音，卽萬之意。頭曼蓋原爲 Tümen，（萬騎）後得勢力而爲單於，殆後人猶以其舊日之官名呼之歟？或漢人誤傳者歟？其原因雖不可知，但東胡後裔烏丸之軍隊編制，亦用十進法，可爲明證。(三)鮮卑當亦相同；柔然亦然。(四)遼（契丹）制雖難詳，但金（女眞）有忒母，萌眼（猛安）毛毛可（謀克）之制，(五)則遼代當亦有是制也。如上所述，可知十進法之軍隊編制，自古行於北族之間，直至於金猶然。元朝創業時代，不過襲用前代之兵制者耳。惟怯薛之制度，前朝殆無其例；可認爲蒙古特有之制度。元朝怯薛考已詳論之，不復贅。

(一) Karamzin, History of Russia IV, 43-44 Ramband, History of Russia, I, 156-157 依瓦林著鐵木眞帖木兒用兵論（日本參謀本部譯）一四九頁。

(二) Kelley, The History of Russia I, 60-62

(三)三國志，魏志東夷傳烏丸條，裴松之引英雄記，記有袁紹矯詔給烏丸三大人以單於之號之册文。其文中有「始有千夫長百夫長以相統領云云」之語，是其明證。

(四)魏書卷一〇三蠕蠕傳，有「社崙……(登國九年十月)北徙弱洛水，始立軍法，千人爲軍，軍置將一人，百人爲幢，幢置帥一人，……」亦其證也。

(五)但非嚴密之十進法。詳見後文。

二　世祖以後

怯薛制度，在太祖太宗二朝，大略完全。而怯薛以外之宿衞諸軍，及鎭戍諸軍之制度，則至世祖設置樞密院後，始克完備。怯薛無庸再述。怯薛與怯薛以外宿衞諸軍之關係，亦已於怯薛考述之。此處惟就鎭戍諸軍之關係考之。

元史(卷九九)兵志鎭戍條，雖云：「元初以武功定天下，四方鎭戍之兵亦重矣。然自其始而觀之，則太祖太宗相繼，以有西域中原，而攻取之際，屯兵蓋無定向，其制殆不可考也。」然非完全不可考者。按太祖十三年從木華黎至河北者凡十軍。其中契丹，女眞，漢，三軍，稱探馬赤軍。至太宗八年，屬於闊闊不花，按札兒孛羅，笑乃解，不里合拔都兒五將分鎭中原（益都，濟南，平陽，太原，眞定，東平，大名等）之地。見於元史。（一）其後征服西域高麗等地，皆置有掌民政之達魯花赤，與統軍政之探馬赤，見於祕史。探馬赤，一作探馬臣，鎭戍官之意也。故探馬，當爲鎭戍之意。惜其對音未詳，不無遺憾。那珂博士雖謂『元史兵志云「探馬赤軍則諸部族也，」是因鎭戍兵用諸部族，故云。』但鎭戍之兵，用蒙古人，漢人，亡宋人者亦頗多。若博士之意在說其名稱之起原，尙無不可；不然，則可謂千慮之一失矣。蓋所謂諸部族者，無非指蒙古人以外之北族（卽契丹人女眞人等故也）。按探馬爲鎭戍官之意，然不曰探馬軍而曰探馬赤者，與宿驛曰站，又曰站赤，知事曰達魯花，亦曰達魯花赤；斷事官曰扎魯忽，又曰扎魯忽赤者相同。此可解爲當時之習慣。而鎭戍軍則不必皆稱探馬赤軍，探馬赤軍，不過鎭戍軍之一種耳。試觀兵志鎭戍條之實例自知。又探馬赤軍，亦不專守中原之地，亦有鎭戍西川，碉門，和林，金齒國等邊境者。而特與所謂漢軍區別，特稱曰探馬赤軍者，必有一種理由。想此種漢人，契丹人，女眞人，當太祖之世，從木華黎經略中原，曾有大功；太宗時，分屬五部之將，使當守備中原之任。實因彼等在所謂漢人（與蒙古色目相對之名稱）中服屬蒙古者最早伐金之役，立有大功固不可與金亡之後始歸服之漢人同一待遇故特呼彼等及彼等之子孫（以及與有關係者）爲探馬赤軍，認爲特別之團隊許其存在也。果爾則探馬赤軍乃在蒙古（含色目人）軍與漢軍之間受准蒙古軍之待遇者也。

（一）成吉思汗實錄六〇三—四六二一—二頁註余將元史木華黎傳所謂「分弘吉剌，亦乞烈思，兀魯兀，忙兀等十軍，及吾也而契丹蕃漢等軍並屬麾下」等語據聖武親征錄元史譯文證補等考定爲「分汪古，火魯剌，札剌亦兒，弘吉剌，亦乞烈思，兀魯兀，忙兀等七軍，及吾也而耶律禿花札剌兒所率契丹，女眞，漢等三軍，並屬麾下」。故曰十軍，曰三軍也。

鎭戍軍之當研究者尙多，尤以與清朝兵制比較研究，爲最有興味之好題。然尙有志未逮，姑俟他日可也。今所言者只見於元史者耳。探馬赤軍之外，當鎭戍之任者有蒙古軍，漢軍，新附軍。所謂漢軍者，金亡之後徵發北部中國人（所謂漢人）而編制者。由徵集法上言之，有獨戶軍，正軍，貼軍，餘丁軍，匠軍，質子軍等之別。所謂新附軍者，宋亡之後，徵發南部中國人（所謂南人）而編制者也。鄉兵中有遼東之乣軍，雲南之寸白軍，福建之畬軍。征宋之際募集死士而成者，有答剌罕軍。國初以來，以勇士組織者，有技都魯軍。新附軍中有手號軍，有襄陽熟券軍生券軍；有通事軍。此等諸團隊編制法，及其隸屬關係，不詳。故只能臚列元史之記事耳。玆就手號軍與乣軍略解之。

手號軍一名手記軍。因涅其兵之手爲記號，故又稱涅手軍。宋亡之後，此等兵，或爲民，或爲兵，散見於元史世祖紀至元十九年以後之記事中。元典章卷三四兵部新附軍條，載有至元二十一年八月福建行省劄文曰「又去刷手號軍時，百姓人每手上，亦有雕青爲做軍的刷上頭，百姓每逃走了也，將那底每差人分揀元不係軍人的交回做百姓呵，百姓每復業。…」可想見當時之情狀。涅手之制，始於何時，不詳。按梁朱全忠卽位以前，恐主將戰歿，士卒逃散，乃於軍士面上，刺所屬之軍名。遼時有北王府兵刺左臂，南王府兵刺右臂之制。金代似亦有此制。故決非始於宋也。宋代涅刺之事，見於宋史卷一九三兵志召募之制條，玆不復贅。但或刺右臂，或刺手背，則因時而異，各軍亦不同。

關於乣軍，余嘗作遼金時代乣軍之研究一文，詳加研究。元史兵志稱曰「遼東之乣軍，」爲不出戍於他方之鄉兵之一種。續私簡錄卷一乣軍之註云：「遼東之軍也，凡二十五部族。」但此原爲金代鎮戍西邊之軍；元史及續弘簡錄皆誤。

余所作遼金時代乣軍之研究一文，揭於史學雜誌。（大正四年七月號）羽田學士在藝文（同年九月號）雜誌中列舉乣字音義之疑義數條以質余，余復在史學雜誌（同年十月號）中答辯之。氏復作一文登載同誌（五年一月號）余復在東大之東洋史談話會中發表余之答辯。並在史學雜誌（三月號）彙報欄中載其大概。以上數次辯論，余得羽田氏之啟發者不少。同時關於乣字之音之鄙見，完全得氏之同意，尤爲滿足。今述其大略於下：按乣字實有che, se, tse, te，及與此類似之音。試觀遼金時代中國史籍，屢譯作敵字迪字及類此之音可以無疑。惟關於乣字意義，余將遼史國語解之（乣軍名）解爲乣者軍之義，認爲有戰軍之義之蒙古語Cherig(sari)之頭音che，而以乣字譯之者。此說未得羽田氏充分之諒解，不無遺憾。

其後藤田豐八氏在史林（大正六年十月號）中發表釋迦與塞與赭羯與乣軍論文；松井等氏在本報告第四（大正七年四月）發表契丹之國軍編制及戰術論文，皆曾言及羽田氏余之辯論，今再與兩氏商確之。

藤田氏論文論證釋迦塞赭羯，（拓羯）乣軍，（乣轄）皆爲同名異譯。余今專就乣軍，略述鄙見：（一）余謂續弘簡錄雖云「乣音杳」但杳字似爲查字之譌。藤田氏大體表同意。余殊覺滿足。但其旁證，謂金史卷四四兵志東北路部族乣軍之一，有唐古部一部魯火札石合，認爲與金史卷六六隈可傳之迭魯苾撒詳穩同一，謂前者之部字爲都字之譌云云。（史林二三上）似有牽強之嫌。何則？（a）邦魯火札石合在同書卷二四地理志卷七三完顏守貞傳作部羅火札石合。（b）假令部字爲都字之譌，則以都魯火札，比定於迭魯苾撒，亦覺困難。（c）兵志迭剌部之一名士魯渾尼石合，地理志作土魯渾札石合。由是考之，札石合尼石合，似非僅以石合成語者。要之藤田氏殆急欲以Saka之音求之於乣字，遂生此誤解歟？（二）余謂黑韃事略之「五十騎謂之一糺（都由切即一隊之謂）」之糺字，乃由乣誤糺由糺誤糾者。藤田氏以爲不然。謂三朝北盟會編，說女眞（即金）制度之條，有云：「其官名則以九曜二十八宿爲號，曰諳版孛極烈大官人，孛極烈官人，其職曰忒母萬戶，萌眼千戶，毛毛可百人長，蒲里偃牌子頭。（孛極烈者糾官也，猶中國言總管云」此處不用糾字，特用以斗爲音符之糾字，非偶然也。黑韃事略之糺字，實爲糾字，故特將其字音註爲都由切云。並主張糾與纛（又作幢）同爲古來北族間通用之 Túk（以犛牛尾或馬尾作成之軍旗）之譯音云。（二三上—二六上）然（a）糾字之音，在字書中爲他口切（Tou）纛爲徒到切，大到切，（tao）等音，原屬大略相同。然若如氏說，同爲（tük）之譯音，則糾字音註之都由切（tyu）似稍欠妥當；似當註爲纛之原音 tük 之杜皓切，杜沃切，杜谷切等。（b）據字書，糾只有告，黃色絲，等意，與纛幢有旌旗之意者不同。若如氏說，糾爲 tuk, taka 之譯音，與纛幢同，則北盟會編之著者，何故不用古來習見之後者，而特擇「易與糾字相混者且非習見之字」之前者乎？尤不可解。於是余以爲糾官之糾字，卽氏所謂易混之糾字之誤。糾有合字，督字，察字等意，若認糾官二字爲說明孛極烈（bogile, bekile）者，未必不適當也。（三）氏云，牌子頭之牌子，當亦與糾纛同出自 Tuk 者。所謂「糾者，與一牌子同云云，（二五上下）殊出意外。按北盟會編所謂「蒲里偃牌子頭」者，乃依說明忒母（Tümän）爲萬戶，萠眼（Minggan）爲千戶，毛毛可（毛可 Müke）爲百人長之例，而爲「蒲里偃者牌子頭也」之意。金史兵志所謂蒲里衍及蒲輦，卽蒲里偃也。惟此語之對音未詳，但「蒲里偃者牌子頭也」之意，乃極當注意者也。氏說明會編之文云，「蒲里偃者，卽金史兵志所謂謀克之副曰蒲里衍者是也牌子頭爲十人之長，元蘇天爵元文類經世大典敍錄軍制編及元史兵志亦見之」云云（二三下）氏似以爲女眞（金）之牌子頭，與元（蒙古）之牌子頭同爲十人之長者；果爾，則不可不謂爲誤解。蒙古時稱十人長爲牌子頭者如左：

（一）十人爲一牌，設牌頭。（經世大典序錄軍制，元史兵志總敍）

（二）每一牌子僉軍一名，……仍定立千戶，百戶，牌子頭。（元史兵志兵制）

（三）其民體統十人，謂之排子頭。（牌子頭）自十而百，百而千，千而萬，各有長。（黑韃事略）

（四）韃人生長鞍馬間，起兵數十萬，略無文書。自元帥至千戶，百戶，牌子頭，傳令而行。（蒙韃備錄）

所謂牌子頭（又名牌頭）者，因曾以牌子授於十人長，故所謂牌子頭者，卽持有牌子頭者之意。觀其十人爲一牌子，則知牌子乃有指揮十人之權之標識也。然惟在蒙古（元）爲然，在女眞（金）則不必然也。金虜圖經云：

每一萬戶所轄十千戶，一千戶轄十謀克，（謀克謂百戶也）一謀克轄兩蒲輦。（蒲輦五十

戶也）

爲百人長（百戶）者之謀克，（Müke 卽會編之毛毛可）轄二蒲輦。（會編之蒲里偃，金史之蒲里衍）則一蒲里輦之數爲五十戶。（或五十人）會編承前引之文曰「自五戶孛極烈，推而上之至萬戶孛極烈，皆自統兵。」所謂五戶，蓋五十戶之脫誤，卽謂「下自支配五十戶之孛極烈（卽蒲里偃）上至支配萬戶之孛極烈，（卽忒母）皆自統兵」也。由是觀之，女眞（金）之軍隊編制，與蒙古始終一貫用十進法者不同，一牌子爲五十人；如此，則氏所謂「百騎亦得名一料，千騎亦得名一料之說，假令承認之，則一料卽與稱一纛或一牌子者同。」而百騎亦可名一牌子，千騎亦可名一牌子，萬騎亦可言一牌子矣，余實不能知其立說之理由。女眞以五十騎爲一牌子，蒙古以十騎爲一牌子，但百騎（百戶，百人）之長以上，則各有特別之名稱，決不呼爲牌子。若百騎千騎萬騎等，各得稱爲牌子，則牌子頭非十騎（在女眞爲五十騎）之長之稱呼，將爲百戶千戶萬戶等之異名矣；其奈史籍上全無徵證何。要之，氏見北盟會編中五十戶百戶千戶萬戶皆同稱爲孛極烈；又見其註云：「孛極烈者，料官也，猶中國言總管云；」因料非習見之字，遂解爲外國語之譯音，更進而謂爲軍隊編制上共通之名稱，遂謂牌子亦然。余實不能盲從。余寧以糾字爲糺存之譌，而作「孛極烈者糾官也。」實因本文既解爲「孛極烈（者）官人（也）」故進一步而說明曰「孛極烈者糾官耳。」據 Marco Polo 所記，蒙古以十萬人組成之軍隊名曰 Túk，(二) 此事他無旁證，稍有可疑。假令其爲事實，則 Túk 爲十萬人組成之軍隊之名稱。一萬人以下，順次呼爲 Toman, Ming, Guz, On(三) 其各隊，則未云稱爲 Túk 也。附記於此，以供氏及方家之參考。

(一)史學雜誌第二六編一〇號八八頁

(二) Yule, Marco Pole, I, 261

(三)蠕蠕之社崙可汗始編制軍隊時，以千人爲軍，百人爲幢。是藤田氏推測與纛同之 Tuk 譯音之幢，乃由百人組成一隊之名稱。

茲再就松井氏之說，細述鄙見於下。關於乣字之音，氏謂「乣之發音無定說，予欲暫定乣音爲 (chu, chú) 又 (cha)。（本報告四冊二八頁）其註中順次略說余及羽田藤田兩氏之說。其後又云：「如羽田學士所謂遼史將糺（乣）里作祖里，又作俎里，乃推定乣字之音之有力根據。箭內學士據金史謂乣音近於迪，亦能助此說者也。若如藤田學士之考定，續宏簡錄乣音杳之杳，爲查字之誤，亦能與上述祖迪之音相對待，而定乣字之音。但續弘簡錄作者邵遠平，如何得乣音查之解，則不明。或由與乣字同从乙之札之音 cha 推測之，而定乣之音爲查 cha 歟？又據遼史，迪與敵通，烏古敵烈部，又書爲烏古迪烈部，卽其例也。迪烈，在今嫩江右岸一支流之綽爾 Cho-êrh 河邊。部名與河名之間，當有關連。然則乣音近於迪 cho 之說，及乣音與祖 (chu) 或俎 (chu) 相同之說，爲能相助明矣。（六一—六二頁）然（a）據北監本遼史，將李懷秀之契丹名迪輦糺里之糺作組，若果可據，則羽田氏所謂別作祖或作俎之說，不獨不足怪；且據此可知其所謂糺糾與祖俎有類似之音之說，及松井氏所謂糺爲乣之譌，乣與祖俎有類似之音之說，皆失其根據矣。（史學二六編一二六九頁）（b）余謂續弘簡錄「乣音杳」之杳，爲查字之譌，（史學二六編一二八〇頁）藤田氏曾表示同意。（史林四二卷五七四頁）（c）謂乣字之音符爲乙，據此以證明札乣二字同音，此藤田氏之企畫也。其終歸失敗，已如前述。（d）乣之音與迪敵相通，余曾歷述其理由，毫無庸疑。（史學二六編一二七三—七頁）（e）烏古敵烈部之住地，津田左右吉氏曾研究之；余大體贊成其說，以呼倫泊附近爲其原住地。(本報告二册一二頁)其東遷地之烏納水，蓋爲自今之洮南府至 Sira-mürren河中間之某河。(郭特爾河?)(同上一一二頁)果爾則由綽爾河之名而謂迪烈之迪字之音爲 cho，殊不妥當。(f)迪烈，余在韃靼考中曾加論證，認爲 Terei 之譯音。迪之音爲 te，而非 cho。(本報告五册七二頁以下)(g)氏只知余對乣字之第一次意見，與羽田氏對此之質疑。其後交換意見，雙方見解已漸次接近，殆未之知也。果爾，先請一讀史學雜誌二六編一〇號，二七編一號，三號，再請賜教。

氏對於乣字之音之說，多與余之主張相同。其不同者，概難首肯；余頗引爲遺憾。然關於其任務及組織之研究，得氏之啓發者不少，實深感謝。余昔曾云「遼代組織乣軍者，必非外國民族。如各宮分及遙輦之乣軍，由其軍隊之職務上考之，至少亦決不以女眞人或蒙古人組織之。必以純粹契丹人爲兵卒；其將校則以宗室以下之契丹名族充之。」(史學二六編八一九頁)氏駁此說曰：「直屬於契丹皇室之御帳親軍，亦非純契丹人，而爲契丹人非契丹人之混成軍。十二宮分軍之中則雜有外族之俘虜。是故宮分乣，遙輦乣，雖有護衛宮殿陵墓帳族之職務，亦無理由推定爲純契丹人」

云（六三頁）立論異常正當，余深慚曩日之推斷全失正鵠。又氏因金史有「乣雖雜類亦我之邊民云云」「乣軍雜人云云」將乣解爲血統不明之雜種人。其說雖足傾聽；但金史及元史，旣明稱奚人契丹人爲乣人，則遊牧於西北邊境防禦蒙古諸部侵寇之慓悍之奚人契丹人，非卽乣人之重要者乎？又大金國志云：西北諸糺（糺）生蕃也。」此生蕃二字，非對於土著之契丹人泛稱遊牧之契丹人者乎？至於糺軍之種類任務等，大體已得氏之同意，茲不復贅。

余之關於乣軍第一次論文，曾云：『最後就乣軍之組織考之，（寧云編制）黑韃事略云「五十騎謂之一乣（或作糾）卽一隊之謂。」故元太祖時代，及太宗初世，蒙古實稱五十騎爲乣，而爲一隊之名。然此非蒙古固有之制，蓋承金制者。由其用乣字推之亦可知矣。以五十騎爲一隊，而呼之爲乣，金代已不待言；恐自遼代已然矣。因想乣軍編制之單位，殆爲自五十騎而成之乣，故呼爲乣軍乎？姑記之，以期後日之補考。」（史學二六編八二三—四頁）云云。無端勞諸氏之論難，誠出望外。先是羽田氏因余在有戰字意之 sarig, sari, cherig 中，求乣之原語；且附記右方臆說，乃駁余曰，「今連結此兩個觀念，可得一結論，卽畢竟蒙古語，契丹語，女眞語之 sarig, sari, cherig 等，爲以五十騎爲單位之軍也。雖然，此蓋非學士之意。」云；余認爲枝葉問題，不與深爭。氏之第二次論文曰，「因重問曰由此精兵組成之軍，其編成之單位爲五十騎，仍如學士之說耶？果爾，則余以爲黑韃事略之記事，尙不可爲論乣軍編成之充分資料。因而此種見解，尙不能完全無疑。」（史學二七編八〇頁）云云。其下又而縷述糺字非乣之譌之理由。余又在第三次論文中充分答辯，諒已得氏之諒解，玆不復述。（史學二七編一〇六上—一〇八下）藤田氏就糺爲糾之譌而立論，余不能同意，已如前述。氏又疑事略之「五十騎謂之一糾」之五十騎，爲十騎之誤。蓋氏對於金之一牌子五十騎之制，未曾注意，乃有此誤解也。要之氏對於軍乣之編制問題，未曾多論。然松井氏則以銳利之論調，駁余曰：「據此，則在契丹，以乣爲編制單位之名稱。一單位不可不爲五十騎。若謂契丹國軍之通則，有五十騎一單位之制，似尙可通。若謂只其國軍之一部之乣軍有是制，則由團隊編制法言之，不能無奇異之感。既知乣爲契丹國軍之一部，決非全部國軍；則僅此一部，設如此編制單位，頗屬可疑。」云云；余對於當今軍人所謂國軍，戰隊，團隊，戰隊區分，團隊區分等用語，無何等智識，而漫若用編制單位一語；關於此點，當乞松井氏寬宥。然余對氏之高論，猶有不能完全無疑者，玆略述之，仍請賜教。

（a）氏引契丹國志及金虜圖經，謂「金有五十騎一隊之區分法，但此不過戰鬬時之戰隊區分耳。黑韃事略所謂五十騎一糾（一隊）者亦同，皆不可認爲編制單位」云云（六四—六五頁）。尙無不合。但引金虜圖經說金之軍制條「每一萬戶所轄十千戶，一千戶轄十謀克，（謀克謂百戶也）一謀克兩蒲輦，（蒲輦五十戶也）」之文，而直推斷爲金代編制用十進法，（三九頁）其理由何在，則苦不能知。所謂十進法者，當卽蒙古之編制法，由十而百，由百而千，由千而萬之法也。金之編制法，自五十而進爲百，百以上始進爲千萬，此亦可名爲十進法耶。（b）前文曾言據三朝北盟會編，則蒲里偃（蒲輦）者，牌子頭也。牌子，（牌）爲標明一隊指揮權之符號。牌子頭，爲持有牌子之人，卽一隊之長也。牌子之意轉而爲隊字之意。觀所謂「十人爲一牌設牌頭」「每一牌子，僉軍一名」等自明。非百人千人萬人等一切之隊皆名牌者。在元（蒙古）只成自十人之隊名曰牌。在金（女眞）只成自五十人之隊名曰牌。然蒙古稱爲牌之十人團隊，在其軍隊編制上，爲屬於最下級者。女眞稱爲牌之五十人團隊，在其軍隊之編制上，亦屬於最下級者，殆無容疑。（北盟會編有云：「自五（十）戶孛極烈推而上之，至萬戶孛極烈，皆自統兵」卽其明證。若蒙古之軍隊編制，自十人一隊之牌始，此牌稱爲編制單位。女眞之軍隊編制，自五十八一隊之牌始，其牌亦稱爲編制單位。（嚴密言之，後者原非十進法）按兵語之慣用法，皆不妥當。然而余認黑韃事略之「五十騎謂之糺」之糺字，爲乣字之譌者，乃謂乣軍（即戍自若干牌之乣軍）之編制單位，當爲戍自五十騎之乣也。此當非無稽之說。

（一）要之就此問題而論，因諸君提說而啓發者甚多，尙擬他日再作一篇，以酬諸君之好意。

二　蒙古庫利爾台（卽國會）之研究

第一章 緒言

庫利爾台（Khuriltai）在蒙古語中原只為聚會之義。不問其目的如何，不問其規模大小，一切聚會，皆適用之。然茲所謂庫利爾台者，則專指蒙古帝國時代因協議國家重大事件而開之聚會，非指單純之個人的會議或宴會者。即 D' Ohsson 以下西方史家著述中常見之 Courilta i, Kuriltai, Kurultai 之意。惟此名稱，在元史等中國史籍中不能見之，只意譯為「大會」二字。但蒙文元朝祕史續集卷二之末，有「也客忽哩勒塔」一語；也客，蒙古語為 yeke，大之意也。忽哩勒塔，為 Khuriltai 即 Khuriltai 之略語也。可知 D' Ohsson 等，將庫利爾台一語用為蒙古國會之義，而毫無所怪者，有由來也。

所謂國家之重大事件者，第一選舉合罕（即皇帝），第二出征外國，第三頒布法令是也。蒙古皇帝古來用選舉法，事後段詳述之。選帝實為國家至重至大之事，故一言及庫利爾台，即知為有名之蒙古選帝會議。且知此選帝制度，爲與蒙古帝國乃至元朝之興亡盛衰，有密接關係者。故吾人作此小篇，專欲對於以選帝爲目的而開之庫利爾台加以研究。

庫利爾台之名稱，雖起於蒙古；但在蒙古以前，占據中國北方諸民族中，有似此庫利爾台之慣習者亦不少。今據中國史籍考其一斑，則先於烏丸與鮮卑，可得見之。彼等當未盛時代，由選擧或推薦以定君長；據三國志魏志卷三十所引之魏書可知也。烏丸條云：

常推募勇健能理決鬬訟相侵犯者，爲大人，邑落各有小帥，不世繼也。數百千落自爲一部，大人有所召呼，刻木爲信，邑落傳行無文字，而部衆莫敢違犯。……

鮮卑條云：

其言語習俗與烏丸同。……（檀石槐）長大勇健，智略絕衆。……由是部落畏服，施法禁曲直，莫敢犯者，遂推以爲大人。……自檀石槐死後，諸大人遂世相襲也。

而魏志本文烏丸條云：「丘力居死，子樓班年小，從子蹋頓有武略，代立，總攝三王部，衆皆從其教令。」丘力居者，漢末遼西烏丸之大人也。既云因其子樓班年少而蹋頓代立，則當時以父子相繼爲常例矣。由是觀之，烏丸鮮卑，至漢末始採世襲王制；其以前實選舉王制也。因而漢初被匈奴所滅之東胡，當亦相同，殆無庸疑。但用何等形式以選舉君長，文獻已無可徵，料與蒙古相同，由部落或國內有力者若干人會議而定者。果爾，則謂之爲一種庫利爾台，固無妨也。

契丹者，烏丸鮮卑之後裔也；亦可認爲有同樣之會議制度。隋書（卷八四）北狄傳契丹條云：「逐寒暑，隨水草畜牧，有征伐則酋帥相與議之，興兵動衆合符契。」舊唐書（卷一九九下）北狄傳契丹條云：「其君長姓大賀氏，勝兵四萬三千人，分爲八部。若有徵發，諸部皆須議合，不得獨舉。獵則別部，戰則同行。」新唐書（卷二一九）北狄傳契丹條云：「凡調發攻戰，則諸部畢會，獵則部得自行。」此乃契丹征戰或調發時之庫利爾台也。同時又有選舉君長之庫利爾台；舊五代史外國傳（卷一三七）契丹條所載如左：

及沁丹政衰，有別部長耶律安巴堅（阿保機）最推雄勁，族帳漸盛，遂代沁丹爲主。先是，契丹之先大賀氏有勝兵四萬，分爲八部，每部皆號大人，內推一人爲主，建旗鼓以尊之，每三年第其名以代之。及安巴堅爲主，乃怙強恃勇，不受諸族之代，遂自稱國主。（參照五代史卷七二四夷附錄契丹條。）

如上所述，類似庫利爾台之聚會，在烏丸鮮卑乃至契丹等東胡民族間，皆嘗行之矣。至古來北方最有名之匈奴柔然突厥回鶻諸民族，在中國史中，雖未言有此慣習，但只能云中史中無可徵考耳；此等民族在被漢人所知以前，有無此種慣習，因未可斷言也。據史記及漢書匈奴傳，每歲正月，諸長少會於單于庭而祠，五月大會於龍城，祭其祖先天地鬼神，及秋馬肥，大會於蹛林，課校人畜以爲常例。單于之一族，有懷怨於單于者，或不會於單于之庭，或不會於龍城云。又後漢書南匈奴傳云：「匈奴俗，歲有三龍祠，常以正月五月九月戊日祭天神，南單于旣內附，兼祠漢帝，因會諸部，議國事，走馬及駱駝爲樂。」安國單于條云：「單于每龍會議事，師子輒稱病不往。」是所謂龍城大會，固不僅以祭神爲目的，亦評議國事明矣。匈奴此種習慣，非至後漢時代始有之也；卽前漢時代，或更在其前，當已有同樣之舉動。果爾，則所謂庫利爾台之慣習，在匈奴方面已可認之。茲更進一步想像頭曼單于以前，其東鄰之盛大東胡民族，亦必有以選舉君長爲目的之同樣聚會，當非無稽之臆測也。及檀石槐出，而鮮卑之古俗破，耶律阿保機起，而契丹之舊習破。匈奴頭曼，縱非其人，頭曼以前，未必無英雄出於匈奴，漠視古來之選舉制，自立而稱單于以傳之於子孫者。所謂柔然，所謂突厥，所謂回鶻，原始以來亦未必卽爲世襲王制也。大金國志卷三十兵制條云：「金國凡用師征伐，上自大元帥中自萬戶，下至百戶，飲酒會食，略不間列，與父子兄弟等，所以上下情通，無閉塞之患。國有事，通野環坐，畫灰而議，自卑者始議，畢卽漫滅，不聞人聲。軍將行，大會而飮，使人獻策，主帥聽而擇焉。其合者卽爲特將，任其事。暨師還戰勝，又大會，問有功者，隨功高下支賞，舉以示衆，薄則增之。」此可證明女眞亦有一種庫利爾台的慣習。吾人原非以此聚會之存在，遂肯定女眞有選舉王制之古俗。然若依據金史，而斷定女眞君長爲古來世襲，亦難信其必妥耳。

前代北方諸民族，既多存此聚會之慣習，至蒙古民族，聚會之規模漸大，蓋非偶然也。今姑就元史本紀檢查太祖以後之庫利爾台，自太祖卽位前二年帖麥該川之大會，始以征伐外國爲目的而開之庫利爾台頗多。又如太宗六年所開之達蘭達葩大會，以頒布法令爲目的者，亦不少也。今皆不論，爲專就蒙古選舉皇帝之庫利爾台，略述其事實，以爲此緒言之終結。

相傳蒙古之合罕，自合不勒（Khabul）始。合不勒合罕果因庫利爾台選定而卽位者否，今無明證，莫可考據。其次之俺巴孩合罕(Ambakhai)則確爲選舉者。祕史云：

合不勒合罕之後，依合不勒合罕之言，彼雖有子七人，而以想昆必勒格之子俺巴孩合罕，普管忙豁勒。（成吉思汗實錄三〇頁）

由此觀之，蒙古之俗，合罕（卽皇帝）之位，不但非父子世襲，卽前合罕發表其所希望之後繼者時，亦不必由己子中選之，而有由其他皇族選之者。其所以如此者，或因己子年幼，或因不才，或他皇族中有能適任者，或有衆望所歸者之故，皆可認爲異例。但合罕生前，對於後繼者有指名之慣例，據此記事，則已明顯。至俺巴孩果否經庫利爾台之選舉則不詳；而由第三合罕之例推之，則彼亦由此形式而卽位者無疑。

俺巴孩後被搭搭兒人所虜，檻置金廷時，遣使於蒙古，爲彼報復。祕史記云：

指出合不勒合罕七子中之忽圖剌(Khutula)又指出我十子內之合答安太石(Khadaghan Taishi)。……（實錄三一—三二頁）

忽圖剌卽位條云：

因俺巴孩指合答安忽圖剌二人之名，故忙豁勒泰赤兀惕皆聚於斡難之豁兒豁納黑主不兒，舉忽圖剌爲合罕並作忙豁勒之跳舞爲筵會之樂（實錄三六頁）。

此卽俺巴孩指名以忽圖剌與合答安二人爲合罕之候補者也。然據庫利爾台決議，合不勒之子忽圖剌當選，卽合罕之位。而前合罕之子合答安則反落選。以人情推之，俺巴孩之希望，原在以其子爲嗣，但無置合不勒之子而指己子之理，故不得已而指出忽圖剌耳。但庫利爾台竟無何等顧慮，舍合答安而迎忽圖剌，於此可見前合罕之意志未能有左右庫利爾台議決之力也。

西紀一一八九年（？）帖木眞（Temudjin）由庫利爾台選舉爲蒙古合罕，始稱成吉思合罕（Chingis Khaghan）一二〇六年以統一北方民族之故，由敖嫩河源地所開之庫利爾台更上同樣尊號，舉行第二次卽位禮，爲祕史所明記。至其會議之狀況，與卽位之儀式，則多不能知。其漸詳記者，則自選舉斡歌歹（太宗）古余克（定宗）蒙格（憲宗）之庫利爾台始。今於次章採取關於右三合罕卽位之東西記錄，而略述庫利爾台之形式與次第焉。

第二章　庫利爾台之次第

以選舉蒙古合罕爲目的而開之庫利爾台之次第，可分爲三。第一選舉候補者，第二發布召集令，第三選帝及其前後之行事是也。

第一節　選舉候補者

後繼合罕之候補者，率根據現合罕之意志。換言之，卽由現合罕指名也。合不勒合罕舍己之七子而指其再從兄弟俺巴孩，俺巴孩合罕指出己子合答安與合不勒之子忽圖剌，忽圖剌合罕之晚年事蹟，與其後繼者皆失傳，果否指出候補者之名，無由知之。然由祕史之記載想像之，也速該(ye-sügei)殆受忽圖剌之指名。但忽圖剌死時，也速該亦橫死，不得登合罕之位。其後蒙古內亂，合罕之位，虛懸頗久，至其子帖木眞勢力漸盛，蒙古再歸統一，受忽圖剌合罕之子阿勒壇與帖木眞從兄弟等之推戴而卽位，稱成吉思合罕。故成吉思合罕（卽太祖）卽位時之庫利爾台所舉非前合罕指定之候補者。

太祖將征西域時，從第三斡兒朶（帳殿之意）之首席皇后也遂（Yesüi）之議，欲預定合罕後繼者。乃使拙赤，察阿歹，斡歌歹，拖雷（Djuchi, Chaghadai, Ogede, Tului）四子，順次陳述意見。拙赤，察阿歹二人答曰「我等二人與罕額赤格（父帝）同行效力，……惟斡歌歹敦厚，合舉斡歌歹。……」斡歌歹答曰：「合罕額赤格恩賜之言，我將何說？我欲言我不能，我將何言。我言我極力謹愼。久後我子孫若裹於青草而牛不喫，裹於膏中而狗不喫，則使（如）麋之跳越，（如）鼠之順去，我言只此，別無何言。」拖雷曰，「我有指名合罕額赤格居前，若有忘則告之，若睡則喚覺之，爲然諾之伴，赤馬之鞭。然諾不後，班烈不缺，出征於長征，與戰於短（劇）戰。」合罕嘉納之，遂以斡歌歹爲繼承者。（參照成吉思汗實錄四六二—四七三頁）

斡歌歹合罕（卽太宗）之定後繼也，初指其子曲出（Guchu），而曲出早死，更指曲出之子失烈門（Shiramun）。古余克（Küyük）合罕（卽定宗）蒙格（Mongge）合罕（卽憲宗）生前會否指定其後繼者，則不詳。然卽無指名之事，亦非由此打破此慣例者。其理由詳後。

太宗之指名問題及與此有關之問題，當先解決。茲述於左：

太宗生前，欲以其孫失烈門爲嗣事，元史卷二定宗紀及卷一二四忙哥撒兒傳皆有明證。又D'Ohsson 據拉施特 Rashid-uddin 集史 (Djami ut-Tévarikh) 記云「Ogotai 初指定最愛之第三子 Goutchou 爲繼承帝位者。此皇子於一二三六年（太宗八年）出征中國時，歿於湖廣。太宗乃招其摘長孫 Schiramoun 養於宮中，將使他日繼承帝位。」(D'Ohsson Histoire des mongols 11, 187—8) Goutchou，中國史籍中用曲出闊出闊除等字。Rashid-uddin 之說，吾人信爲正確。然屠寄蒙兀兒史記漠北三大汗諸子列傳，謂「太宗始欲以合失 (Kashi) 爲嗣。合失爲元史（卷一〇六）后妃表中之正宮孛剌合眞皇后所出，卽太宗之嫡長也。」並言其理由如左：

（一）合失爲太宗長子之證有二：(a) 陳桱通鑑續編，謂合失爲太宗長子。(b) D'Ohsson 之蒙古史，謂合失生於太祖征西夏（河西）時。太祖征夏，前後凡五次，第一役在太祖丙寅卽位之前年。（一二〇五年）若在此時，則先定宗一年而生。且合失之子海都 (Khaidu) 當憲宗二年（一二五二年）與其父之兄弟合丹(Khadan)滅里(Melik)同受分土，則其時海都已屆壯年。由此一事，亦可推測合失爲太宗之長子。

（二）欲以合失爲嗣事，黑韃事略曾云：「河西䚟（卽合失）立爲僞太子，」可爲明證。蓋蒙古之制無立太子事，而有此記事者，因太宗欲立合失爲嗣，爲人所共知故也。

（三）所以推測合失爲孛剌合眞之子者，因此婦人爲太宗正宮也。所以欲以合失爲嗣者，蓋因爲正宮之子，卽嫡出之故，因蒙古嫡庶之別甚嚴也。

細味以上屠氏之說，亦多難首肯，今逐一批評如次：

（一）（a）元史之世系表，輟耕錄之宗室世系，D' Ohsson 之記事，皆謂定宗爲長子，合失爲第五子。陳桱雖謂合失爲長子，實未能據以否定元史等之記載也。且此三史料之出處，亦不能認爲同一。元史云：「太宗皇帝七子，長定宗皇帝，次二闊端，次三闊出太子，次四哈剌察兒王，次五合失大王，次六合丹大王，次七滅里大王。」（后妃表業里紇納妃子，滅里之母）輟耕錄之次序，與此全同，但闊出作曲出，合失作合昔歹。D' Ohsson (11, p, 99) 則謂 Couyouc, Coutan,

Coutchou, Caradjou, Caschi 五人，爲 Tourakina 所出；Cadan-Ogoul, Melik 二人，爲二妾所出。而黑韃事略謂兀窟䚟（卽斡歌歹）之子，有闊端，闊除，河西䚟，合剌直，四人，其他三人則未言及。按撰事略者彭大雅至蒙古時，在太宗卽位之第二年或第三年，其時定宗（一二〇六年生）已二十七八歲。竟逸定宗之名，則明係後世傳寫之誤。惟河西䚟（卽合昔歹又合失）亦不列於最首，而數爲第三，亦足爲屠氏之說之一反證。(b)若由海都受分土之年逆推其父合失之生年爲一二〇五年，則無論如何，說皆難通。蓋海都之受分土也，至遲在二十歲，亦當有其資格。又假定海都生時，在合失二十歲前後，則由屠氏之說逆算之，一二五二年海都年二十歲而受分土，則其生時當爲一二三三年。（太宗五年）其時合失若爲二十歲，則合失之生，當在一二一四年。（太祖九年）若求最近於此年之征夏之年，則爲一二一〇年之第四役也。卽或上溯至一二〇八年之第三役，更至一二〇七年之第二役，合失亦較定宗年少。況以定宗以下五人爲 Tourakina 皇后所出之 D'Ohsson 記事，寧有可疑之理耶？若爲異腹所出，則想像一二〇七年乃至一二一〇年間，爲闊端以下四人出生之年，固無妨也。

（二）屠氏引用黑韃事略，作以河西觧爲嗣之證。然詳讀本文，則反可認爲以闊出爲嗣者。屠氏以爲徐霆之疏而引之，其實彭大雅之本文也。今揭其全文如左：

其子曰闊端，曰闊除，曰河西觧，（立爲僞太子，讀漢文書，其師馬錄事）曰合剌直。……（以上彭大雅之本文）

（上略）粘合重山隨屈朮僞太子南侵，次年屈朮死，按只觧代之，粘合重山復爲之助。

（以上徐霆之疏）

元史卷一四六粘合重山傳云：「太宗七年從伐宋，詔軍前行中書省事，許以便宜。……」太宗本紀云：「八年冬十月……曲出薨。」則屈朮卽爲闊除，闊出，曲出也無疑。而徐霆謂屈朮爲僞太子，可以想見彭大雅本文中河西觧下之註，原在闊除之下，其後傳寫時倒置者。不然，徐氏作疏時，何以未加辨正，而漫稱屈朮爲僞太子乎？

（三）第三理由，對於合失爲嫡長之說，全無成立之功效。反之，若謂「曲出卽太宗所欲立爲嗣者，有 Rashid-uddin 之記事與黑韃事略之文可以爲證。且蒙古嫡庶之別甚嚴，故曲出當爲正宮孛合剌合眞之子。」屠氏將何以答此說耶?

要之合失爲太宗長子之說，雖見於陳桱之通鑑續編，而太宗欲以合失爲嗣之證據，則絕無之。反之而擬以闊出爲嗣之說，則 Rashid-uddin 及黑韃事略皆有明文，況闊出之子失烈門，曾被指爲合罕之後繼者，元史與 Rashid-uddin 之記載毫無可疑，而 Rashid-uddin 謂太宗初則指名闊出，闊出夭折，更指名其子失烈門」之說，可認爲事實之眞相。至闊出較定宗年少，則毫無可疑。闊出若爲生於一二〇六年以後者，則其死時（一二三六年）當在三十歲之內，因而當時之失烈門，爲十歲前後之幼兒，太宗死時亦不過十五六歲。當時太宗諸子中貴由、闊端、哈丹等皆在，乃置之而欲傳於此幼孫者，蓋不徒以失烈門爲「有仁心足君天下」（見元史卷一二四忙哥撒兒傳太宗語）也，蓋蒙古之俗，嫡庶之分甚嚴，失烈門正爲其嫡長孫，無怪太宗之指名於此幼兒矣。猶有助此推測者，當太宗七年，出軍攻宋時，失烈門之父闊出，總中軍而向襄郢；襄郢者，宋軍主力之所集處也，而使闊出當此重任者，豈非以彼爲太宗之嫡長子歟?

第二節　發布召集令

當太祖成吉思合罕及其以前選舉合罕時，蒙古之勢力尚微，其領土亦甚小，誠如那珂博士所言，或登小山而高呼「來相聚議」或使捷足數人通知，已足矣。及至太祖晚年，一躍而爲跨有歐亞兩陸之大國，當列席於庫利爾台之王侯貴族大官，爲數頗多，往年之簡易方法，已不適用。故太祖殂落後，選舉新合罕時，庫利爾台之制度大備，開會之秩序漸整，亦自然之勢也。

太祖崩後之庫利爾台，乃以合罕之末子封於 Onon, Kerülen 兩河流域祖先發祥之地之拖雷之名召集者。D' Ohsson 之記載如左：

Ces princes furent recus dans les ordous de Tchinguiz-khan, par Touloui, qui avait été chargé d'exercer la régence jusqú á l'election d'un nouveau souverain (Raschid, Djami ut-Tevarikh-D' Ohsson, Histoire des Mongols, 11, 9)

元史卷一太祖紀云，「戊子年皇子拖雷監國。」卷二太宗紀云：「太祖崩，自霍博之地來會，元年己丑夏至忽魯班雪不只之地，皇弟拖雷來見，秋八月己未，諸王百官大會……」亦與前說相符。

太宗斡歌歹合罕崩後，其皇后朶咧格揑（Döregene）得察阿歹以下諸王之同意而稱制。癸卯年（一二四三年）因選舉新合罕乃發布庫利爾台召集令。朶咧格揑之名見於祕史卷八。元史太宗紀及定宗紀，稱爲六皇后乃馬眞氏。后妃表作脫列哥那六皇后乃馬眞氏。D'Ohsson 作 Tourakina。后妃表中所舉太宗之后妃第一正宮孛剌合眞皇后，第二脫列哥那六皇后，第三昂灰二皇后第四乞里吉忽帖尼三皇后，第五禿納吉納六皇后，第六業里訖納妃子。正宮者卽所謂 Yeke Khatun（大皇后）第一位皇后也。昂灰二皇后，殆居第二位；乞里吉忽帖尼三皇后殆居第三位；不應有兩六皇后。蓋禿納吉納爲禿列吉納之譌，卽脫列哥那之重出者也。Döregene(或 Turakina) 據祕史卷八，謂后本兀都亦愓蔑兒乞愓(uduit-merkit) 部長脫黑脫阿 (Tukhtugha, Tukha) 之子忽都(Khudu)之妻。一二〇四年（甲子）成吉思合罕破蔑兒乞愓部時，虜之以與斡歌歹。所以名乃馬眞氏者，蓋其母家爲乃蠻人也。D'Ohsson (11, 188) 記爲 Ouhouse, Merkite（兀洼思蔑兒乞愓）部長 Tair-oussoun（歹兒兀孫）之妻。其出處不明，蓋誤也。據祕史歹兒兀孫之妻名忽闌 (Khulan)，與父同降，而爲成吉思合罕之妻，西域征伐之際，隨從合罕者也。

朵咧格揑皇后稱制事，元史太宗紀及 D' Ohsson (11, 188) 已有明文。以皇后之名召集庫利爾台事，定宗紀有「太宗崩，皇后(朵咧格揑)臨朝，會諸王百官於答蘭答八思之地，遂議立帝」之文，亦無容疑。

定宗古余克（貴由 Kuyuk）合罕崩後，皇后斡兀立海迷失 (Ogul-Gaimish)，得皇族拔都 (Batu) 等同意而稱制。據 D' Ohsson (11, 246) 后爲 Oirat（斡亦喇惕）部長 Khutukha（忽都合）之女。但 D'Ohsson 謂斡兀立海迷失居定宗皇后中第一位，而元史后妃表曰三皇后，蓋實第三位之皇后也。斡兀立海迷失既稱制，則選新合罕之庫利爾台，原當以此皇后之名召集之。但拔都原與皇后及皇后之子且爲意中候補者之古余克不和，故與拖雷之未亡人唆魯未帖尼 (Siurkukteni) 結合，下令在已所駐牧之阿剌脫忽剌兀召集庫利爾台。拔都此種行動，實屬蔑視先例，遂釀成蒙古皇族間非常之紛議。

憲宗蒙格（蒙古）合罕崩後，合罕之末弟阿里不哥(Arigu Bukha)下召集庫利爾台之令。阿里不哥之兄忽必烈(Khubilai)不應，別自召集庫利爾台，而自登合罕位。未幾阿里不哥亦稱合罕，兄弟分黨相爭者數年。

據上文所述，知庫利爾台，或以前合罕皇子之名召集之，或以皇后之名召集之。但召集權之所在，在未規定時，情形當極重大；惜無可徵之文獻耳。但推測爲監國者或當稱制之任者，同時享有庫利爾台之召集權，似較妥當。而以前合罕皇后中之一人之名召集之，似爲常例。何則？因 D'Ohsson (11, 246) 記拔都承認太宗皇后朶咧格揑之稱制，有「依此民族之慣習」(suivant les coutumes de la nation) 一語故也。但拔都實與朶咧格揑皇后不和，故其後不待其召集而自下召集令。然對於朶咧格揑，則不得不委任其稱制。由此察之，合罕歿後，皇后稱制，必爲蒙古之古來慣例矣。D'Ohsson 之記事，殆毫無可疑。果爾，則太祖崩後，拖雷監國而下召集令者，寧屬異例。蓋其時太祖之正后孛兒帖，及忽蘭，也遂，也速干等有力之皇后已故；或無勝稱制之任之皇后；或因庫利爾台之會場，有限於蒙古本土之慣例；（後當言之）故太祖之末子封於蒙古本土之拖雷，得其二兄之諒解或委托，便宜上任爲監國，又爲召集者歟？其後憲宗南征，歿於陣中，其時留守漠北和林之阿里不哥，非憲宗之皇子而爲末弟，乃以己名召集庫利爾台者，殆依拖雷之先例者歟？彼與其兄忽必烈爭位數年，力盡出降時，忽必烈問以“Eh bien! mon frére, qui de nous deux avaît la justice de soncôté?”彼答曰，“Autrefois C' était moi, C'est vous aujourd' hui” (D' Ohsson, 11, 356) 不必定爲一時之壯語也。

第三節　選帝及其前後之行事

庫利爾台最發達之形式典禮，可於太祖及太宗崩後所開選舉合罕二大會議見之。而後者爲選舉定宗之庫利爾台，其規模之大，尤極古今之偉觀。那珂博士曾譯 Howorth 之 History of the mongols 記事，註於成吉思汗實錄之卷尾，諒爲讀者所熟知。但因此篇後段論世祖以後庫利爾台之存續時，當比較其形式內容者頗多，玆姑就選舉太宗之庫利爾台，譯述 D' Ohsson 之記載以備參考。此庫利爾台之外觀盛大之點，不及選舉定宗之庫利爾台；但會議之狀況，選舉之次第，則記載較詳。因 Howorth 之譯文已逸，此文雖稍嫌其長，不得不轉載於左：

一二二九年春，皇族及將帥等，由 Tartarre 各地來，集於 Keroulan 河畔成吉思汗之大斡兒朵。自裏海以北地方之 Oúrda, Batou, schiban, Tangcoute, Berca, Bergatchar 及

Touca-Timour 等，Djoutchi（拙赤）諸子始他如 Tchagatai（察阿歹）由 Ili 河流域與其兒孫偕來；Ogotai（斡歌歹）由 Imil 河流域來；Utdjukén（斡惕赤斤）由蒙古東邊女眞鄰地來，在新君主選定以前，皆由被委監國大任之 Touloui（拖雷）迎之。

庫利爾台之最初三日，費於饗宴與歡迎，至第四日，大會會員始熟議選舉皇帝事。多數意見，欲推戴拖雷。大臣耶律楚材，極力斡旋其間，代斡歌歹運動贊成者，以酬成吉思汗之遺志，且恐皇族諸大官之反目乖離，而欲防之於未發也。拖雷亦略不躊躇而從楚材之意見，直向會衆宣言，斡歌歹爲先考指名之繼承者；且朗讀成吉思汗之遺言書。於是皇族等勸斡歌歹卽登汗位。彼答曰：「我兄弟伯叔父等，有較我宜登高位之資格者，我欲推薦拖雷，蓋彼常侍先考，最能受先考之感化，爲諳其訓言熟其法令之人故也。」皇族等乃曰：「選御身爲繼承者，成吉思汗也。我等何得背先君意志而自妄行。」斡歌歹猶極力拒領君主大權。會衆不知所爲。凡四十日，虛度光陰於飲食之中。迨至妖術者占星師占定大吉日之第四十一日，始容納皇族等之請。由兄察阿歹叔父斡惕赤斤領導而就君主寶座。拖雷捧杯，同時營帳內外，皆脫帽而投帶於肩，九屈膝而拜斡歌歹。爲其繁榮而上誓詞呼以 Caan（合罕）之號，表示祝意。〔又有 sinon of. st. Quentin之記錄，殆聞之 Benedict the Pole 者，所載誓詞之內容及儀式頗與此異，但頗詳細。(Vide Rockhill, 21—22, note)〕新君主隨同會衆出營帳，三跪以拜天日。充滿斡兒朶周圍之羣衆，亦向天日行同樣之禮。於是蒙古人之君長等，再入皇帝營帳開宴會，以祝此尊嚴之日。皇族之男子居玉座之右，皇族之婦人居左，多數青年奴婢，捧食物與飲料於彼等。

斡歌歹既卽帝位，皇族一同宣誓，永當盡忠於其子孫。其誓詞頗奇。誓曰：「我等對陛下子孫，限於投於草上而牝牛不喫，置於膏中而狗不取所存之一塊肉外，誓不置他皇族於帝位。」

斡歌歹使人運出先考之財產，卽亞細亞之分捕品，分賜皇族將帥及士卒。於是勅從舊俗，供食物於先考之靈前者三日。又由文武大官家族中選容色最秀麗之婦女四十人，飾以美麗之衣服，與貴重之金銀珠玉，使作 Rashid-uddin 所謂「彼世成吉思汗之侍女」而送遣之。並以若干稀世之駿馬，同爲此野蠻忠義之犧牲。(D' Ohsson, 118—13)

第三章　舉行庫利爾台之地址

第一節　忽圖剌合罕之選舉

選舉合不勒俺巴孩二合罕時，舉行庫利爾台之地，無可考證。至俺巴孩死後之庫利爾台，祕史始記之曰：「因俺巴孩合罕指合答安忽圖剌二人之名，故忙豁勒泰赤兀惕皆聚於斡難之豁兒豁納黑主不兒，舉忽圖剌爲合罕，並作忙豁勒之跳舞，爲筵會之樂，戴忽圖剌爲君，並於豁兒豁納黑繁盛林木之周圍，跳成及肋之溝，沒膝之窪。」（實錄三六頁）豁兒豁納黑，卽 Gorgonak，小河之意也，主不兒，卽 Djubur，河源之意也。所謂斡難之豁兒豁納里者，蓋此小河入於今之敖嫩河之上流也。究爲今之何河則不詳。或卽其後成吉思合罕勢力微弱時，屢屢駐牧之 Kimurkha（今之 Chimurkha）河乎？

第二節　成吉思罕之選舉

（一）闊闊納兀兒之大會。由阿勒壇，忽察兒，撒察別乞等發議，選擧成吉思合罕是卽第一次庫利爾台也。據祕史開於「古吶勒古山內桑古兒小河之合喇主嚕堅之闊闊納兀兒。」（成吉思汗實錄一一四頁）古吶勒古(Gürelgü) 山，卽今之巴爾哈 (Barkha) 嶺。桑古兒 (Sengür) 河，卽水道提綱之孫可勒河，淸一統輿圖之僧庫爾河，今又名 Senkür 河，與敖嫩 (Onon) 河上流之Khurkha河上源相接。Khurkha 河東流合 Chimurkha 河等而入敖嫩河。Senkür 河南流而入 Kerulen 河。合喇主嚕堅，一作合喇只嚕堅，那珂博士註爲小山之名。（實錄六六頁）其位置不明。闊闊納兀兒在 Kökö-Naghur 爲青湖之意；但 senküs 河畔無此名之湖。一統輿圖河西有一無名之湖；俄文亞細亞地圖，河東有 Khorkhoitu 湖。有同名之小河由東方來注之。若祕史及上記之地圖皆不誤，則所謂闊闊納兀兒者，或可於 sen-kür 河畔二湖中比定其一乎？

然一見闊闊納兀兒之名，則使人聯想 Rashid-uddin 所謂太宗秋季行宮所在地之 Keukè，(Keusché 誤寫 D'Ohsson, 11, 85)及 Gueca(D'Ohsson 11, 195)湖。又使人聯想憲宗秋季行幸地或秋季行宮所在地，元史（卷三）憲宗紀（卷二七祭祀志）中之顆顆腦兒及軍腦兒。顆顆腦兒，與 Keuké (Gueca) 湖名稱近似，又同爲秋季行宮所在地，知爲同一。顆顆腦兒與軍腦兒，(Gün-naghur 兩者皆爲憲宗之秋季行幸地，近於其祭天之處。且 Kökö 爲青色之意，gün 爲深水暗黑色之意，而 Kökö-naghur 之名，殆因湖水深而色青之故。則兩者當爲異名同湖。辨僞錄卷三記憲宗之行幸地爲君腦兒，元史（卷一五）世祖紀，謂近於 Kerülen 河之湖口爲溫腦兒，蓋皆與軍腦兒爲同湖。然西方史籍中所謂 Keüké, Gueca 湖，中國史籍中所謂顆顆，及軍，君，口，溫腦兒者，在今何地乎？北方之湖與此同名者頗多，故甚難比定。但據 Rashid-uddin，近於 Keuké 湖之太宗秋季行宮，在距和林四日程之地。(D'Ohsson 11,85) 元史謂憲宗秋季祭天於日月山，只知日月山在顆顆腦兒之西。（卷三憲宗紀卷七二祭祀志郊祀上）成吉思汗實錄所引之王禕日月山祀天頌，有「日月山在和林之北」之語。金史（卷二四）地理志昌州（今張家口外 Chagan Balgasun）條云，近州之東，狗濼之北，五百餘里，有日月山。其在漠北，雖可推測；但其位置，無由詳定。若強求之，則太祖成吉思合罕哈老徒行宮所在地，在今噶老台 (Kalotai) 湖地方，即所謂薩里川，(Saghari-Kegher) 撒阿里之原）太祖以來之舊蹟也。而噶老台湖南之 gun 湖，即 D, anville

地圖之 Kouenomo，一統輿圖之袞泊，明與軍腦兒君腦兒口温腦兒同名。則太宗憲宗等秋季行宮，殆在此湖之近傍；憲宗祭天處之日月山，殆在此湖之西歟？

成吉思合罕，尙稱帖木眞時，一日被蔑兒乞部人所襲，逃入不兒罕山，僅以身免，妻孛兒帖被虜。後下不兒罕山時，謝山神之恩，灌奠祈禱，以祭天日。其祭天處之不兒吉（Kerülen 上流之岸名）若得假定爲與日月山同地，則開庫利爾台之地，當在今 Senkür 河西有靑河之名者附近。因而祕史之闊闊納兀兒，元史之顆顆腦兒，Rashid-uddin 之 Kenke, Gueca 湖，皆可比定於此。又軍腦兒，君腦兒，口温腦兒可云卽今之 Günnaghur（袞泊）。

（二）斡難河源之大會。成吉思合罕第二次卽位時（卽一二〇六年）之庫利爾台，開於敖嫩 Onon 河源，諸書皆無異辭。所謂源者，不必解爲發源地，無非相近之上流平野耳。今之敖嫩Onon 河源，出自 Kentei 山脈之北麓；而當時則出自南麓，卽以 Barkha 河或Khurkha河源稱之者也。而由成吉思合罕前後之事蹟考之，擧行卽位禮之「Onon河源」，當在Khurkha河畔Chimurkha 河附近之平野。

第三節　太宗之選舉

選舉太宗（斡歌歹）之庫利爾台之地，據祕史爲「客魯漣之闊迭兀阿喇勒。」元史太宗紀作「怯緑連曲雕阿拉，」親征錄作「怯緑連河曲雕阿蘭，」即 Kerülen 河之 Kodeghü-Aral，或 Ködeghe-Aral。按 Ködeghü，Ködeghe 爲荒野草原之意；aral 爲島之意；即開於 Kerülen 河之河中島也。編太宗紀者，書大會之地爲曲雕阿拉，行即位禮之地爲庫鐵烏阿剌里，兩者之相異，實因粗漏而起之誤解。清乾隆朝之史臣，毫不加察，仍自玄博學，改前者爲齊達勒敖拉，改後者爲奎騰阿喇勒。D'Ohsson(11, 8) 沿襲此誤，而註曰 Tsidal-Ola「強山」之意，Couitun-Aral「冷島」之意云。Ködeghü-Aral 祕史作闊朶額阿喇勒，元史憲宗紀作闊帖兀阿蘭，明宗紀作闊帖傑阿剌倫，皆同名之轉訛者。然則 Kodeghü Aral 之位置何在乎？祕史云：「會於大忽哩勒塔，鼠年（太宗十二年）七月，下馬於客魯漣河之闊迭額阿喇勒之朶羅安孛勒塔黑(Dologhan Boldak)失勒斤扯克 (shilginchek) 兩地間之斡兒朶思(Ordos) 時書畢矣。」（實錄六七一頁）故即位之大會，若開於同地，則 Kerülen 河之河中島，又在何處乎。今仍如昔，依然存在乎？若不實査，必不能詳。

那珂博士對此亦不一言，只言此斡兒朶（帳殿）爲太祖第一斡兒朶。（參看實錄六七一頁）若據吾人臆測，或卽 senkür 河會流點附近 Kerülen 河中之島乎？

此庫利爾台之時期，D' Ohsson (11, 8) 記云一二二九年春，諸王侯諸大帥等會合，至四十一日始見 Ogodai 之卽位。而元史本紀，則謂是年秋八月己未卽位也。八月己未爲二十四日，在 Juria 曆（以下略稱西曆）爲九月十三日，則此庫利爾台實以中曆七月十四日，西曆八月四日開會者也。D' Ohsson 之記載，似謂此年春開會者，記者之疏漏也。蓋與會者自春至秋始克齊集，俟全員出席而開會，己在秋初也。

第四節　定宗之選舉

元史（卷二）定宗紀云：「太宗崩，皇后臨朝，會諸王百官於答蘭答八思之地，遂議立帝。元年丙午……秋七月卽皇帝位於汪吉宿滅禿里之地。」如是，則庫利爾台開於答蘭答八思，而卽位禮則行於汪吉宿滅禿里者。此種記事，全難憑信。今先述其詳細，而後比定其地名。

（一）Sira-Orda（昔剌兀魯朶）卽 Ormektoua（月兒滅怯土）之大會　耶蘇教僧 Plano

Carpini，於一二四六年，曾目覩選舉定宗古余克（Kuyuk）之庫利爾台。其紀行書中，未言開會地之名，唯對於 Kuyük 所居之帳殿，「謂蒙古人呼此帳殿爲 Sira-Orda」。(Rockhill p. 21) 但 D' Ohsson 根據波斯蒙古史家 Alaiuddin 及 Rashid-uddin 之記錄，記曰：「在故皇帝夏季之行宮，近於 Gueca 湖處召集之大會，至一二四六年春始開會。」(11, 195) 其後文又云：「此處名 Sira-Ordou，有二千白營帳……」(11,197) 他處又云：「其後，彼（太宗 Ogotai）往名爲 Ormektoua 之地，定爲全夏之住所。所住營帳，爲中國式，造以白毛氈，而以金欄飾其裏，帳中足容千人，其名曰 Sira-Ordou」(84—85) Gueca 又作 Keuke，即元史之顆顆，爲太宗秋季行宮所在地。記爲夏季行宮者，著者之誤也。庫利爾台開會在八月，既如後文所考證。玆記爲春者亦誤。D' Ohsson 是否以 Sira-Ordou（當作 Sira-Ordo）爲帳殿之名？抑爲帳殿所在地之名？稍缺明瞭。而太宗夏季行在所 Ormektoua，有名爲 Sira-Ordo 之帳殿。庫利爾台開於此處，當無疑也。又 Sira-Ordou 與 Sira-Orda 爲同名同地，固不待言。或謂 Sira-Ordo(Sira-Orda) 爲黃帳之意，指皇帝之帳殿者；若以爲限於某地之名稱者，則不穩當云云，實決不然。蓋（a）D' Ohsson 已明記爲此處名爲「Sira-

Ordou，….」是其證也。(b)太宗之四季行宮，各有帳殿；只稱 Ormektoua 之帳殿曰 Sira-Ordo，而不及其他，可知皇帝行宮，不皆稱 Sira-Ordo 也。(c)太宗之夏秋冬三季行宮，與憲宗之世全同；試觀元史憲宗紀，均所首肯。其六年條云：「夏五月幸昔剌兀魯朶，」是因 Ormektoua 又習稱爲 Sira-Ordo，而偶以其別名現者。是憲宗夏季行在所，殆限於 Ormektoua 也。又七年夏條，有「還幸月兒滅怯土，」亦可玩味。

然則 Ormektoua 卽 Sira-Ordo 之位置何在乎？D' Ohsson 據 Tinkowski 之 Voyage a' Pèkin 記事，以「恰克圖之南約二十二利古，(Leagues 合中國十一里)當庫倫大道，近於 Schara 河之 Ourmouktoui」，比定之。(11, 84, Note) Rockhill 謂「恰克圖南約六十哩之 Urmukhtin 或卽其地；則大體贊成 D'Ohsson 之比定也。(p. 22)今之 Urmuktui, Urmukhtin 與古之 Ormektoun，其名雖云相同，但認爲太祖之行宮，尙無不可；謂爲太宗之行宮，似乎太遠。太宗已於 Karakorum 築有宮殿；其北約十日本里內外之地，置有春季行宮；南方翁金(Onkin)河畔，置有冬季行宮；更於距 Karakorum 四日程(約三四十日本里)之某處，置有秋季行宮。由是蔡之，夏季行宮，決不可認爲在如此隔絕之地。今之 Urmuktin，距 Karakorum 之故址 Frdenidsn 十二三日行程，但非太祖以來特堪記念之地。若僅以避暑爲目的，則漠北之地，寧若其多。即 Kara-korun 附近，欲發見恰好避暑地，蓋甚易也。要之今之 Urmuktin，似非昔之 Ormektoua 也。Rockhill 亦已注意。Plano Carpini 紀行中明言「Sira-Orda 在距 Karakorum 半日行程之處，」則吾人不可不對於此種記事加以研究。今有經 C, Raymond Beazley 校訂，於一九〇三年在倫敦發行之 Texts and Versions of John de Plano Carpini and William de Rubruquis 有 R. Hakluyt 之譯文如左：

Whereupon they have, neither villages, nor cities among them, except one which is called Cracurim, and is said to be a proper town. We ourselves saw not this town, but were almost within half a day journey thereof, when we remained at Syra Orda, which is the great court of their Emperour. (p. 108)

即謂距 Carpini 等一行留滯之 Syra-Orda，約半日行程之處，有 Cracurin，即 Karakorum

（合剌和林）也。或謂 pl. Carpini 雖爲最初紹介 Karakorum 之名於歐洲之人，但彼曾自言終未曾至其地。按 Karakorum 者，蒙古國之首府也。中國式之壯麗宮殿，係十年前之建築。其地又有此地方不可見之市街。若 Sira-Orda（當作 Sira-Ordo）果在距 Kardkorum 半日行程之近處，則留滯 Sira-Ordo 附近約四月之久之旅行家，未嘗一度往遊，頗屬可怪。蓋實際 Sira-Ordo 距 Karakorum 甚遠故也。是又足以助成 D'Ohsson 之說，比定爲今之 Urmukhtui（又名 Urmukhtin）矣云云。論者之說，原屬言之成理；但 pl. Carpini 自身之記述，實無何等可疑之餘地。原文譯文，皆無傳寫誤謬之形跡，更屬疑無可疑。Sira-Ordo（即 Urmektoua）之位置，在全無他種記載之時，則「距 Karakorum 半日行程」之記載，吾人應認爲最堪珍重之材料，決不可以論者之蒲弱理由而抹殺之。唯此旅行家，又未言 Sira-Ordo 在 Karakorum 之何方，不無遺憾。幸據大藏經續帙所收至元辯僞錄之記載，得知 Sira-Ordo 在 Karakorum 之南方。其文曰：

丙辰年（憲宗六年西紀一二五六年）五月，那摩大師再共少林長老，……並上合剌鶻林，預待李志常等共對朝廷，與先生每大行辯論，以七月十六日覲帝於鶻林城之南昔剌行宮，帝引

諸帥入內，溫顏接話，並賜金帛。……（卷三一六右一七左）

合剌鵾林，即合剌和林 Karakorum；鵾林與和林，皆其略稱。而昔剌行宮之爲昔剌兀魯朶 Sira-Ordo，不僅其字音酷似；且由七月中憲宗之在此地推之，亦可斷定。果爾，則 Sira-Ordo 不可不於 Karakorum（即今之 Erdenidsu）之南半日行程之地求之。散見於元史之迦堅察塞 (Gegen-Chagan) 殿，太宗之離宮也；在今之察塞 Chagan 湖附近。然地理志原註，謂在「和林北七十餘里。」（元史卷五八）據波斯記錄，謂「自合剌和林一日行程之處」(D'Ohsson, 11, 84) 即昔剌兀魯朶與 Erdenidsu 之距離，爲迦堅察塞與 Erdenidsu 之距離二分之一也。昔剌兀魯朶，當在 Erdenidsu 上流之 Orkhon 河畔。其地之原名，當爲 Örmektü。D'Ohsson 之 Ormektoua 在元史憲宗紀中作月兒滅怯土，月兒滅怯，欲兒陌哥都等。竊以爲月兒滅怯土，最近於原音。月兒滅怯則省去有「有」「屬」等意之 tü 者。欲兒陌哥都，乃 Örmektü 訛爲 Örbektü 者。Ormektoua 爲 Örmektüé 之訛，語尾之 a 及 é，乃誤加有「於」字之意之後置詞者。又 Sira-Ordo 之對音，中國史中，除已記之昔剌兀魯朶，昔剌行宮之外，元史（卷一五〇）郝和尚拔都傳，又有「宿瓮都。」

那珂博士已於成吉思汗實錄中（六一二頁）指示之矣。

（二）金帳之即位禮　據 pl. Carpini 紀行所記，選帝會議在 Sira-Orda 即 (Sira-Ordo) 行即位禮之地，更設於相距三利古至四利古之地，有金帳之名之營帳中舉行之。今先錄 Rockhill 之譯文 (p. 21—22) 於左，然後再考證其位置。

Coming out of the tent (the Siro-Ordo), we all rode together to another place some 3 or 4 leagues distant, where there was a fine large plain near a river flowing between mountains where another tent was set up and it is called by them the Golden Orda: and here it was that Cuyuc was to have been placed on the throne on the day of the Assumption of our Lady (15th August); but it was deferred on account of the hail which fell, to which I have referred previously. This tent rested on pillars covered with gold plates fastened with gold nails and other woods, and the top and sides, of it were covered with baldakins; the outside, however, being of other kinds of stuff. Here we remained until the feast of Saint Bartholomew (24th August), when there assembled a great multitude, and they all stood with their faces turned to the south, some of them a stone's throw from others, going ever farther and farther away, making genuflexions towards the south.......After doing this for a long while they went back to the tent, and placed Cuyuc on the imperial seat, and the chiefs knelt before him; and after that the whole people did likewise, except ourselves who were not his subjects.

金帳之典據，宋彭大雅黑韃事略云：「凡韃主獵帳所在，皆曰窩裏陀，其金帳，柱以金製，故名。」徐霆疏證云：「霆至草地時，五金帳，想是以本朝皇帝親遣使臣來，故立之，以示壯觀。……其製即是草地中大氈帳，上下用氈爲衣，中間用柳編爲窗眼透明，用千餘條索拽住，閾與柱皆以金裹，故名，中可容數百人，韃主帳中所用胡床，如禪寺講座，亦飾以金。后妃等次第而坐，如构欄然。」此爲彭徐二人前後出使蒙古太宗之廷，親目所覩之記載，與 Pl, Carpini 同。關於金帳之言悉相符合。金帳之名之由來既如此；茲再推定其所在地。所謂自昔剌兀魯朶三至四利古者，即約半日行程之距離也。謂設於近於山間一河之美好大平野中者，殆為 Orkhon 河之上流，更在昔剌兀魯朶之西南歟？據吾人臆測，似在 Orkhon 河一支流 Gorikhin（一統輿圖之郭羅和）河之平野。今試略述此臆說之由來。元史（卷四）世祖紀云：「中統元年四月阿里不哥僭號於和林城西按坦河。」同書（卷一一八）阿剌兀思剔吉忽里傳云：「愛不花尙世祖季女月烈公主，中統初，總兵討阿里不哥，敗闊不花於按檀火爾歡之地。」火爾歡與蒙文祕史之豁囉罕，豁囉歡，豁兒歡 (Gorokhan, Gorkhan) 等相同，當與今蒙古語 Gorikhon 為同語，小河之意也。按坦，按檀，當為今之 Altan 之對音，金之意也。果爾，則耶律鑄之雙溪醉隱集卷五，題為金蓮花甸詩中之金河，殆為 Altan-Gorkhan 之意譯者；蓋同河之異名歟？其詩與原註如左：

金蓮花甸

金蓮花甸涌金河。流遶金沙漾錦波。何意盛時遊宴地。抗戈來俯視龍渦。（和林西百餘里，有金蓮花甸，金河界其中，東匯為龍渦，陰岜千尺，松石叢疊，俯視龍渦。環繞平野，是僕平時往來漁獵遊息之地也。）

元史（卷一四六）耶律鑄傳曰：「阿里不哥叛，鑄棄妻子，挺身自朔方來歸，世祖嘉其忠，卽日召見，賞賜優厚，中統二年……冬詔將兵備禦北邊，後徵兵扈從，敗阿里不哥於上都之北。」詩之末句，所謂「抗戈來」者，卽謂曾從征討阿里不哥也。阿里不哥，與其母共住於 Karakorum 附近之殿帳，見於 Rockhill 譯註 Rubruck 紀行。(pp. 222—3) 其據而叛者，爲 Karakorum 之西 Altan 河。故耶律鑄所謂和林 (Karakorum) 之西百餘里之金河，認爲與元史之按坦河，或按檀火爾歡同一，固無妨也。故謂金河（卽 Altan-gorkhan) 在 Karakornm（卽今之 Erdenidsu）之西百餘里，(Karakorum 與 Ugei-nor 之距離當相等）雖可至今之 Djirmatai 河，（卽當時哈剌和林河之上流）但不可不橫斷連於 Orkhon 河西之山地。而昔剌兀魯朶，在合剌和林之南，略在 Orkhon 河畔，已如前述。則目前問題之 Altan-gorkhan（卽阿里不哥所住之斡兒朶所在地）似求之於 Orkhon 河上流，較爲穩當。按地圖，恰當其地有一小河，來自西方，會於 Orkhon 河，名 Gorikhin；蓋蒙古語有小河之意之 Gorikhon 轉訛者。但所以以此爲河名者，必非偶然；殆古名 Altan-gorkhon 而逸其 Altan 者歟？若再許吾人想像，則此河所以呼爲 Altan 小河者，蓋定宗卽位之際，因設金帳於此，其後久傳金帳之蒙古名 Altan Ordo；及阿里不哥自立時，Altan 之名遂爲流於其地小河之名。後 Altan 之名消失，僅小河之蒙古語 Gorikhon, Gorikhin 作爲河名而存留歟？以上雖不免過逞想像，但猶自信有若干根據。姑披瀝所見，以俟方家之指正。

（三）答蘭答八思大會　選擧定宗之地與卽位之地不同。故使人以元史定宗紀之答蘭答八思，擬昔剌兀魯朶；以汪吉宿滅禿里爲金帳所在地之名。然此全爲危險之說。（a）據元史答蘭答八思大會之翌年，擧行汪吉宿滅禿里之卽位禮。但據 Pl, Carpini，則選擧與卽位，皆在同年之秋。（b）答蘭答八思在合剌和林之北約十日里之地，汪吉宿滅禿里，若如那珂博士之說（成吉思汗實錄六二〇六一一二頁）在今之翁金(Onkin)河畔，則其間距離達三十日本里至四十日本里。與昔剌兀魯朶至金帳間僅四日里至五日里者不合。博士又云：「開大會之昔兀魯朶，若爲月兒滅怯土之黃帳，則與定宗紀之汪吉宿滅禿里不合。Pl, Carpini 所述目睹之事若不誤，則定宗紀之地名殆誤歟？又此時昔剌兀魯朶（卽黃帳）設於汪吉之地，卽汪吉之地亦名昔剌兀魯朶歟？仍待考。」（實錄六一三頁）屠寄承博士之說曰；「設在月兒滅怯土之地，卽爲月兒滅怯土之失剌斡兒朶設在汪吉之地，卽爲汪吉之失剌斡兒朶可也。蒙古謂藏經之僧寺曰蘇默圖，卽宿滅禿里之異文，汪吉之地，蓋有此寺。（蒙兀兒史記古余克可汗本紀）此論驟觀之似可首肯；但至少在太宗定宗憲宗之世，昔剌兀魯朶，爲一定地之名稱；非單云黃帳者；已述於前，玆不復贅。又汪吉者，卽Rashid-uddin 等波斯人記錄中之 Ong-ki，亦卽太宗冬季行宮所在地也。憲宗時亦同，可據憲宗三年條「十二月駐蹕汪吉地」而推知之。然如前引 Pl, Carpini 之紀事，一二四六年之庫利爾台，開於西曆七月下旬；（中國曆六月上旬）卽位禮告竣在八月下旬；（中國曆七月上旬）卽自夏末至秋初也。當此季節，不能想爲在汪吉之地開庫利爾台，況又明言開於有「夏季行宮之地」耶？要之元史之記載，旣與 Pl, Carpini 不相一致，故不得不謂爲謬誤也。而編元史者，所以有此大誤者，蓋汪吉宿滅禿里，爲 Örmektü 之他一譯名，殆爲汪兒滅吉禿及汪滅吉禿等之誤寫，遂與汪吉河附近某地之名混同，其實卽記在 Örmektü 行卽位禮與開庫利爾台也。Örmektü 之名，雖始見於元史憲宗，但據 Rashid-uddin 等之言，當太宗時已有之矣。蓋當時整理史科者，除月兒滅怯士；欲兒陌哥都之外，又有二三異譯也。

然則答蘭答八思之大會，如何解釋乎？關於此點，吾人以爲宜尊重元史，認爲記載一二四五年或其以前所開之庫利爾台者。後文所述一二四四年，會於別地開庫利爾台，既有可信之理由；則答蘭答八思之庫利爾台，可推定爲一二四五年之事。答蘭者，蒙古語 tala, talan 之對音，草原之意。答八思爲有峠字意之 dabaghan 之複數 dabaghas, tabâs 之對音。元史太宗紀：「六年夏五月，帝在達蘭達葩之地，大會諸王百僚，諭條令……」達蘭達葩爲 Talandaba 之對音。其年之秋云：「帝在八里里答蘭答八思之地，議自將伐宋。」……八里里，爲有泉及清水之意 Bulak 作動詞之形 Bulaklakhu 之對音，相當於元史（卷一二〇）察罕傳清水答蘭答八思之清水。其位置雖無明證，但既爲太宗定宗時代屢次開大會之地，則似距合剌和林不甚遠也。雙溪醉隱集卷五，謂「達蘭河在和林北百餘里」，從來學者謂在達蘭河畔，殆得正鵠。達蘭河爲今之何河，雖不詳，但既在和林（今之Erdenidsu）之北百餘里，達蘭又爲草原之意；由此推之，大約在今察罕泊（Chagan-pôr）之北，額歸泊（Ügei Nôr）之南。元史地理志和寧路原註云：「迦堅茶寒殿在和林北七十餘里。」此殿乃由今之察罕泊（當時名揭揭察哈之澤）得名者，故當時里程之標準，由此略可推測。一統輿圖中之集兒瑪台河，流入察罕泊，再出而東北流，與名爲博爾哈爾台之南來一小河合會於鄂爾渾河。所謂達蘭河者，當爲察罕泊以北之集爾瑪台河，或其支流之博爾哈爾台河。

（四）也只里河大會　答蘭答八思庫利爾台之前，曾於一二四四年在也只里河開庫利爾台一次。元史（卷一二一）速不台傳云：

壬寅太宗崩，癸卯諸王大會，拔都欲不往，速不台曰，大王於族屬爲兄，安得不往。甲辰遂會於也只里河，丙午定宗卽位。……

卽其證也。屠氏之說曰：

按太宗崩於辛卯，而曰壬寅，傳誤也。定宗之立，巴禿（拔都）始終未預會議，考西書可知。而傳稱甲辰遂會也只里河亦誤。也只里，祕史作額垤兒，內府圖作額德爾，洪譯俄圖作鄂疊爾。卽薛涼格河之南源，在和林西。古余克汗以癸卯夏至葉密立河。北族例當避暑，及秋移軍入阿勒台山一路游牧。又當住冬。必至甲辰春夏間，始能至額垤兒水上。速不台傳謂癸卯諸王大會，蓋拔都以癸卯歲，奉召集大會之信，非卽以癸卯爲會期也。謂甲辰遂會於也只里河者，會以甲辰，地在也只里，召集時期會之詞如此。然諸王畢會，而拔都仍未至，曰遂會者，史臣傳聞之誤也。甲辰之會，舊紀未書，西書亦略，獨速不台傳著之，其時其地，頗合事實，特尠補於此。（蒙兀兒史記古余克可汗本紀）

蓋正論也，可從。祕史之額埒兒，（一作本額迭兒）今名 Eder，又名 Eter，爲 Selengä 河之南源。Potanin, Bretschnerder 等諸氏，謂長春眞人西遊記所謂乃滿國窩里朶，後爲成吉思汗之第四行宮者，卽在此 Eder 河之畔。那珂博士等亦從此說。以有此等歷史之地開庫利爾台，雖有偏於西方之嫌，而以此比定於也只里河，尙覺其無不可也。

據上所逑，吾人推定太宗崩後之庫利爾台，前後共開三次。第一次甲辰（西紀一二四四年）年，開於也只里河畔。第二次乙巳（西紀一二四五年）年，開於答蘭答八思，皆因故流會。第三次卽丙午（西紀一二四六年）年七月，（西紀八月）開於月兒滅怯士（一名昔剌兀魯朶）之庫利爾台，始選定貴由（卽定宗）也。

第五節　憲宗之選舉

憲宗卽位之際，庫利爾台前後亦開三次。至第三次庫利爾台，始決定，而行卽位禮。今依次述之於左：

（一）Alactac（阿剌脫忽剌兀）之大會　一二四八年四月，（戊申春三月）定宗崩，急使先至拖雷之未亡人唆魯木帖尼（Siurkukteni）及拔都（Batu）之處。先是拔都將入朝而東向，至距 Cayalic 七日行程之 Alactac 山，接此凶音，乃稱馬足疲，而駐牧於其地；仍按舊例，推薦定宗皇后 Ogul-Gaimish 使稱制。同時自發使者於四方召集庫利爾台於 Alactac。（D' Ohsson, 11, 245－6）Alactac 大會開會之期，雖無明文，吾人據元史（卷一二一）兀良合台傳之記事，推定爲己酉夏四月。（西紀一二四九年五月或六月）其記事如左：

己酉定宗崩，拔都與宗室大臣議立憲宗，事久未決。四月諸王大會，定宗皇后問所宜立，皆惶惑莫敢對。兀良合台對曰，此議先已定矣，不可復變。拔都曰，兀良合台言是也，議遂定。

謂定宗崩年爲己酉者，實戊申之誤也。謂皇后出席大會者亦誤。己酉四月之大會，實卽 D'

Ohsson 所謂 Alactac 之大會，試觀下文之敍述自明。屠氏記爲「己酉四月會期」（蒙兀兒史記蒙格可汗傳）者蓋與吾人立於同一根據而推定者。

然則 Alactac 之位置何在乎？此地當即元史所謂（阿剌脫忽剌兀）憲祖紀所謂（歲戊申，定宗崩，朝廷久未立君，中外恟恟，咸屬意於帝，而覬覦者衆，議未決，諸王拔都……咸會於阿剌脫忽兀之地，」是也。屠氏改剌脫忽剌兀爲阿勒台忽剌兀，比定於今之阿拉套（Ala-tau）山。且述其理由曰：「地名見舊紀，惟改脫作台，譯憲宗紀及拔都補傳均作阿勒塔克。按圖今新疆精河直隸廳之北，與俄屬七河省之南兩界上有阿拉套山。其山爲阿勒台山脈西支，不甚高大。蒙兀謂之阿勒塔克者釋義爲微高山。山中有水二源，北曰博羅托拉，南曰烏魯塔克薩雷，合而東流入鄂畢淖爾。烏魯塔克，即阿勒塔克之異文，明此水源出阿勒塔克山中也。薩雷者黃色也，此山之陰，元初爲合兒魯兀惕之地，東與太宗分地葉密立毘連。定宗西巡葉密立，巴禿東迎至阿勒塔克。按之當日情事地形，甚爲符合。又按忽剌兀之對音爲烏闌，蒙兀語紅色，蓋以山之石色命名。阿勒塔克則以山之形勢得稱。」此說似有理由，實則不然。阿剌脫忽剌兀，改爲阿勒台忽剌兀，究屬如何？至謂 Ala-tau 一名 Altak，則塞閉而未之知也。又鄂畢淖爾，洪鈞之中俄界圖，作額畢淖爾。殆即今之 Ebi 湖。而注於此湖之博羅托拉(Borotala) 之支流，洪圖記爲烏魯塔克薩雷河。一統輿圖作鄂托克賽哩河。俄文亞細亞圖，有 Urta-sarik 河。鄂托克賽哩，爲鄂魯托克賽哩之誤，烏魯塔克薩雷之異譯。Urta-sarik，殆爲 Urtak-sari 或 Urtak-sarik 之訛。無論如何，河名爲 Urtak 而非 Ultak。即令 Altak 爲 Ala-tau 之別名，但不可謂與 Ultak 河爲同名，況以之比定於 Alactac，決非穩當。且 D'Ohsson 既謂爲「距 Cayalic 隔七日行程之 Alactac 山」則應爲沿 Cayalic 大道之地方，而非 Urtak-sari 之流域。但 D' Ohsson 既謂 Aux monts Alactac，則 Alactac 非山，當爲山脈之名。因而似當比定於今之 Ala-tau 山脈。惟開庫利爾台之地，用山脈之名，殊屬可怪。若強解之，雖可爲 Alactac 山地之義，亦不可謂爲穩當也。因而吾人疑 D' Ohsson 之 Aux monts，爲 Au lac 之誤，擬比定於今之 Ala-kul 湖。因 Ala-kul 湖，Kalmuk 土人呼爲 Alak-togul-nor。乃 Ritter(Erdkunde, 11, 388)所言者也。一統輿圖稱爲阿拉克圖古勒泊，水道提綱作阿拉克圖克勒淖爾。又元史之阿剌脫忽剌兀，當爲 Alak-tugul 之指小辭 Alak-tugulakhun 之對音。Alak 爲斑之意，tugul 爲犢之意。D' Ohsson 之所謂 Alactac 爲元史之 Alak-tugulakhun之訛,是爲穩當之解釋。尤有應注意者,即 D' Ohsson 記 Alactac 之位置,曰「距 Cayalic 七日行程之處,」而特言及 Cayalic 是也。吾人由此推測,Batu 之東行也,必經由 Cayalic,更七日而到所謂 Alactac。因而 Alactac 可信爲沿 Cayalic 至蒙古大道之地。成吉思汗親征西域之行軍路,與長春眞人之行程相同;大體爲由今之 Urmutsi 經由 Eli 湖邊者。憲宗時赴西域之劉郁,似確沿 Ömye 河,由 Alakul 湖之東,南下而至 Eli 湖邊者。(Bretschneider Med. Res., I 125; 西使記)彼等雖非經由 Kopal(即昔之 Cayalic)者,但 Plano Carpini 與 Rubruk 旅行此地時,距拔都之駐牧Alactac 及庫利爾台召集時,前後僅隔數年。皆由 Cayalic 東行,而至 Ala-kul 湖南,沿其東岸北行,而至 Ömye 河畔,觀其紀行(Rockhill, 15—17; 159—160)自知。要之屠氏改元史之阿剌脫忽剌兀,爲阿勒台忽剌兀,解爲 Altai 山脈支派之紅色之山,而比定於今之 Ala-tau 山脈,實不無牽強之嫌。又以爲 Alatau 有 Altak 之別名,而擬於 D' Ohsson 之 Alactac,雖不無若干理由,但終不穩當。吾人則注重元史之記載,以 Alactac 之原名爲 Ala(k)-tugula-khun,而認 Aux monts

Alactac 爲 Au lac Alak-tugula-khun 之訛誤。更參考由 Cayalic（今之 Kopal）而東七日行程之距離，推定爲在今 Ala-kul 湖東畔之某地，閻庫利爾台者。

（二）闊帖兀阿闌之大會　元史憲宗紀云：「元年辛亥夏六月，西方諸王……東方諸王……西方諸大將……東方諸大將……等，復大會於闊帖兀阿闌之地，共推帝，即皇帝位於斡難河。」似大會與即位禮，同在六月內舉行者；其實不然。六月爲即位之月，非闊帖兀阿闌（Ködegtü Aran 闊迭兀阿喇兒 Ködeghuaral）大會之月。闊帖兀阿闌大會時，憲宗尙未確實選定；從又至斡難河開庫利爾台確定之，始舉行即位禮。茲述其理由如下：

一二四九（己酉）年，參與 Alactac 大會者，議決推戴蒙哥（Müngge）。而斡歌歹，察阿歹，兩家，劇烈反對。因而以與會者人數不多，若強行議決，擁立蒙哥，恐激成內亂。於是大會又議決「更待來春，在斡難（Onon）克魯倫（Kerulen）兩河源附近太祖舊土，召集第二次大會。」此乃 D'Ohsson（II, 250）所明記者也。元史謂「復大會於闊帖兀阿闌地，」即實行此決議者。但闊帖兀阿闌大會，果如豫定於一二五〇（庚戌）年之春召集乎？抑稍後而入夏始召集乎？則不能詳。要之此年春間，會開會於 Kerülen 河上流之地；拖雷未亡人，實司其會；別兒哥等執來會皇族之牛耳；則無容疑也。(D'Ohsson II, 251—2) 但此次大會，反對派皆缺席，遂致流會。別兒哥至闊帖兀阿闌約一年之後，乞命於拔都，拔都回書，謂應斷然議決推戴蒙哥云。此事觀 D' Ohsson 之記事(II, 252)自明。

（三）斡難河之大會　於是第三次庫利爾台，當然不能不召集。其會期似在一二五一（辛亥）年春夏之交。何則？別兒哥乞命於拔都，在「彼赴蒙古地待至一年之後」則可推定爲一二五一年之春。使者自此時又往復於拔都營陣，則大會當開於春末夏初。既依拔都之命，開第三次大會；而來會之王侯大官，仍不敢立卽選定蒙哥。彼等協議之後，又遣使者至 Ogul-Gaimish 及 Yesü Müngge 二人處，作最後之妥協。結果 Ogul-Gaimish 二子及 Shiramun 始允出席，且通知來期。蒙哥派各人喜而待之。然約期已過，而仍未來；於是彼等始知無妥協之餘地，乃作最後之決議。以此年七月一日（中國曆六月四日）舉行蒙哥卽位禮。(D' Ohsson, II, 252—3)

舉行卽位禮之地，據元史云，在斡難 (Onon) 河畔。而波斯記錄，只云與最後大會之地同，而未言其地名。若波斯記錄可信，則斡難河畔，卽第三次大會與行卽位禮之地也。又揆想此年春夏間，因大會之決議；（a）對於居合剌和林或其附近之 Ogul-Gaimish 及 Shiramum 等，與別居於 Almalik（卽 Ili 河邊）之 Yesü-mungge 之間有使者之往來。（b）使者得 Shiramun 等允諾來會之回書而歸還之後，大會又待至彼等約定之時期。（c）至過期後，始作最後之決定，命占星師選定吉日舉行卽位禮，遂於西曆七月一日，卽中國曆六月四日卽位。是自此年之春或夏初以至舉行卽位禮之日，其間已消費三次期日。若此大會亦與前次大會同，開於 Kerülen 河上流之闊帖兀阿蘭，在其處作最後之決議；又赴斡難河畔舉行卽位禮，則夏期之內，決不能竣事。而事實上則六月四日已舉行卽位禮矣。由此察之，蓋在斡難河畔開大會，選定蒙哥後，卽於同地舉行卽位禮也。

要之憲宗卽位時之庫利爾台，與定宗時同，前後凡三次。第一次於一二四九年，開於 Alaetae。（阿剌脫忽剌兀）第二次於一二五〇年，開於闊迭兀阿喇兒。（又名 Ködeghe-Aral）第三次，於一二五一年，開於斡難河流源附近。

憲宗以後之世祖，及世祖以後之君主，庫利爾台的慣習，依然存在，當於次章述之。至其開會之地，皆甚明白，無考證之必要。茲從省略。

第四章　世祖以後之庫利爾台

世祖忽必烈（Khubilai）於西紀一二六〇年五月五日，（庚申三月二十四日）在開平開庫利爾台，卽蒙古合罕之位。斯時心懷不平之皇族大臣等別於漠北 Orkhon 河上流按檀火爾歡（Allan-Gorkhan）之畔，亦開庫利爾台。是年五六月之交，（庚申四月）擁立世祖之弟阿里不哥。（Arigu Bukha）由是彼此相爭數年及至一二六四年八日二十一日（至元元年七月二十八日）阿里不哥出降，世祖始統一蒙古帝國。世祖之卽位，雖有庫利爾台之形式，實自立也。然若謂庫利爾台制度，由此廢絕，其見解亦不能謂得正鵠。世祖卽位之庫利爾台，有資格者本未全部來會，卽其形式與其內容頗不完全。然若因此遂謂庫利爾台廢絕，則定宗憲宗卽位之際早已廢絕矣。選舉定宗之庫利爾台，太宗之子孫及其黨與拒絕出席。世祖與定宗憲宗之卽位，其庫利爾台不完全之點，未見其大相逕庭也。且世祖崩後，帝位繼承之際，亦常有此形式；則可證明庫利爾台依然存續也。

本章特提示此種事實，以明庫利爾台制度，不僅行於世祖以前，實爲元朝一代之典制也。

世祖至元十年二月，立嫡長子眞金(Chinkin)爲皇太子，與以册命曰：「咨爾皇太子眞金，仰惟太祖皇帝遺訓，嫡子中有克嗣服繼統者，預選定之。是用立太宗英文皇帝，以紹隆丕構。自時厥後，爲不顯立冢嫡，遂啓爭端。朕上遵祖宗宏規，下協昆弟僉同之議，乃從燕邸，卽立爾爲皇太子，積有日矣。比者儒臣敷奏國家定立儲嗣，宜有册命，此典禮也。今遣攝太尉左丞相伯顏，持節授爾玉册金寶。於戲，聖武燕謀，爾其承奉；昆弟宗親，爾其和協；使仁孝顯於躬行，抑可謂不負所托矣。尙其戒哉，勿替朕命。」（元史卷一一五裕宗傳，元文類卷一〇）此卽宣言鑑於太祖以來，不明定繼承帝位者，致啓爭端，故立眞金爲皇太子，將來世祖崩時，眞金當繼承帝位也。卽眞金非指名爲後日庫利爾台之候補者；實不俟庫利爾台之議決，而與以當登帝位之資格也。世祖如是破壞祖法，仍宣言曰：「上遵祖宗宏規，」不亦太強辯乎？但因眞金聰明仁慈，備有仁君之德；又因世祖之威力，終能使諸王羣臣，對此打破先例之事，皆守沈默。然世祖崩後，眞金果能不經庫利爾台決議而直登帝位乎？惜眞金先世祖而夭，無由證諸事實。但觀於成宗以後之例，則不能無疑。蓋成宗亦於世祖健在時立爲太子，其後尙由庫利爾台之決議，始得卽位故也。

成宗名鐵木耳（Temür）眞金之第三子也。至元二十二年十二月其父薨，三十年六月立爲皇太子。及三十一年正月，世祖崩。成宗由北邊軍中還上都。皇族中有不喜成宗卽位者，議不易決；賴伯顏，玉昔帖木兒等用非常手段；是年四月，乃得卽位。元史（卷一二七）伯顏傳云：「成宗卽位於上都之大安閣，親王有違言。伯顏握劍立殿陛，陳祖宗寶訓，宣揚顧命，述所以立成宗之意，辭色俱厲。諸王股栗，趨殿下拜。」而玉昔帖木兒傳之記事尤詳。曰：

三十年，成宗以皇孫撫軍北邊，玉昔帖木兒輔行，請授皇孫以儲闈舊璽，詔從之。三十一年世祖崩，皇孫南還。宗室諸王會於上都。定策之際，玉昔帖木兒起，謂晉王甘麻剌（成宗長兄）曰，宮車晏駕，已踰三月，神器不可久虛，宗祧不可乏主，疇昔儲闈符璽既有所歸，王爲宗盟之長，奚俟而不言？甘麻剌遽曰，皇帝踐祚，願北面事之。於是宗親大臣合辭勸進，玉昔帖木兒復坐曰，大事已定，吾死且無憾。皇孫遂卽位。（元史卷一一九）

皇族大臣，相會而議定策之事，是卽庫利爾台也。因皇族中最有力者甘麻剌（Kamala）有推戴之辭，而衆議始決定庫利爾台中不可缺之形式也。更觀成宗卽位之詔云：「顧惟眇質，仰荷先皇帝殊眷，往歲之夏，親授皇太子寶，付以撫軍之任。今春宮車遠馭，奄棄臣民。乃有宗藩昆弟之賢，咸晥官僚之舊，謂祖訓不可以違，神器不可以曠，體承先皇帝夙昔付託之意，合辭推戴，誠切意堅。朕勉徇所請，於四月十四日卽皇帝位。」（元史卷一八成宗紀）可知雖有立太子事，仍不能卽爲皇帝，更須宗藩昆弟戚晥官僚之合辭推戴也。況西方之記錄，亦無何躊躇而謂此爲庫利爾台乎？ Rashid-uddin 曰：

國會之開也，Temür（鐵木耳）之母攝政。Gueukdjin（闊闊眞）見 Camala（甘麻剌）有爭帝位之色，遂宣言以寶位與最善服膺皇祖成吉思汗訓言者，是先帝之遺志也。且曰，卿等各發表所知。乞列席諸公決定。鐵木耳先開口流暢誦畢。甘麻剌則稍澁滯，且有曖昧處。聽之之會衆，一齊大聲呼曰，鐵木耳應爲皇帝。（D'Ohsson, 11, 506-7, Note）

成宗卽位之後，對諸王駙馬亦有賜與之事。元史成宗紀云：「中書省臣言，陛下新卽大位，諸王駙馬賜與，宜依往年大會之例，賜金一者加四爲五，銀一者加二爲三。……」是亦庫利爾台之慣例也。

成宗大德九年六月，立皇子德壽爲皇太子。其册命（元典章卷一詔令一）之大意，謂太祖世祖，規模宏遠，預建儲嗣，合於古式。朕恪遵祖宗之成憲，與昆弟允協，以嫡子德壽爲皇太子云云。然是年十二月德壽薨，十一年正月成宗又崩，於是繼承問題，遂起糾紛。是年五月之庫利爾台，推戴成宗小兄答剌麻八剌（Darmabala）之子海山（Khaishan）爲皇帝，即武宗也。武宗即位之詔有「遽聞宮車晏駕，迺有宗室諸王貴戚元勳，相與定策於和林，咸以朕爲世祖曾孫之嫡，裕宗正派之傳，以功以賢，宜膺大寶」（元史卷二二武宗紀）之語。波斯史家 Vassaf 述武宗之即位云：

Kaischan（海山）之即位禮，依故例，於占星師指定之日時，莊嚴執行。被任爲執行委員者，爲上席皇族七人。其中四人，先導海山坐於白毛氈上，二人擁之著玉座，其餘一人捧上酒杯。次師巫等祈皇帝萬福，上 Kuluk-khan（合罕）之尊號。（D'Ohsson, 11, 528-9, Note）

Vassaf又云，有一週間之饗宴，恩賜無數之金銀布帛，此皆表示庫利爾台制度依然存在者也。

武宗即位之年六月，立同母弟愛育黎拔力達（Ayurbalibadra）爲皇太子。册命之文，錄於元典章中有「乃遵裕皇居東宮舊例」（卷一）之語。裕皇者，因眞金廟號裕宗也。卽謂遵世祖立眞金爲太子之例者。至大四年正月，武宗崩，三月，太子卽位，卽仁宗也。卽位之詔曰：「……先帝奄棄天下，勳戚元老，咸謂太寶之承，旣有成命，非與前聖賓天而始徵集宗親議所宜立者比。當稽周漢晉唐故事，卽正位宸極。朕以國恤方新，誠有未忍，是用經時。今則上奉皇太后勉進之命，下循諸王勸戴之誠，三月十八日於大都大明殿卽皇帝位……」（元史卷二四仁宗紀）仁宗旣立爲皇太子，已非往昔由庫利爾台選定者可比。若果能自信，何必如是逡巡踟躕乎？又何必俟皇太后之勉進，諸王之勸戴乎？旣俟皇太后諸王勳舊之勸進，始得卽位，則曩日立爲皇太子之命，亦與往年之指名候補者等耳。要之雖已立爲皇太子，而其卽位詔中仍不得不爲此之辯解的宣言，卽可證明當時庫利爾台制度，不易破除也。Vassaf 又謂推戴 Bouyant Caan（普顏篤皇帝卽仁宗）之庫利爾台，與會之皇族，數達一千四百。依其身分，各隨以七百乃至一千之驛馬，有一週間之饗宴。每日屠牝馬四十，羊四千，葡萄酒馬乳酒乳乾酪等之量準之。至占星師指定之時刻，新帝南面坐於殿上之錦繡玉座。成吉思汗之子孫坐玉座之右，Djoutchi Cassar 之子孫坐玉座之左。后妃坐於床几，文武大官，依其品級，列於室之內外。玉座之前，備有無數飾寶石之瓶杯等，對新帝上 Bouiyantouc Caan 之名。時諸王諸將，依照故例，屈膝宣誓而捧杯焉。(D'Ohsson, 11, 530-1, Note) 又可見仁宗即位禮，完全襲用庫利爾台式者。

仁宗延祐三年十二月，立嫡子碩德八剌 (Shodibala) 爲皇太子。四年閏正月，發布建儲之詔於天下。六年十月，有授玉册之詔。皆載在元典章。七年正月仁宗崩。三月太子即位，即英宗也。即位之詔，亦與前代諸帝趣旨相同。

至治三年八月，英宗被弑。九月，泰定帝即位，發布有名之俗語體即位詔，(元史卷二九本紀) 縷述其爲世祖嫡派裕宗長孫，由諸王駙馬勳舊合辭勸進云云。翌年泰定元年三月，立皇子阿速吉八爲皇太子。致治元年七月帝崩，九月，太子即位於上都。而守大都之權臣燕帖木兒等不肯承認，開庫利爾台，主張立武宗之子。而先立圖帖睦爾（文宗）以破阿速吉八之黨，尋以文宗之命，對和世琜（明宗）勸進。天歷二年正月，舉行即位禮於和寧（和林即合剌和林）之北，度漠而入京師。途次，明宗暴崩，皇太子圖帖睦爾復即帝位，時同年八月也。以上事實，表示雖有册立皇太子事，未必能承繼帝位也。

文宗至順三年八月崩。皇后及燕帖木爾等，會諸王百官於京師，推戴明宗之子懿璘質班爲帝。十月卽位，卽寧宗也。卽位之詔，曾辨明其卽位之理由。寧宗在位僅一月而崩。兄妥懽帖睦爾（順帝）立。其卽位之詔，仍謂依一種庫利爾台推戴者。詔中有「徵集宗室諸王來會，合辭推戴，令奉皇太后勉進之篤，宗親大臣懇請之至，以至順四年六月初八日，卽皇帝位於上都。」（元史卷三八本紀）等語。

要之世祖以後，歷朝皆有立太子之事。驟觀之，似庫利爾台之制，早已廢絕。但此乃世祖根據儒臣之奏議而立者。換言之，不過庫利爾台制度，稍依中國思想，而加以潤色者耳。如使皇太子兼中書令樞密院使，雖與中國制度相似，但實與中國皇太子不同，只可目爲庫利爾台合罕之候補者耳。皇太子既爲指名候補者之別名；又有召集諸王百官之事；有常位承繼之協議；有與合罕時代同樣之卽位禮；行禮之後，又有饗宴恩賞等事。無論何人，對於元朝一代庫利爾台制度之存續，可無疑矣。

第五章　庫利爾台之紛議

當開庫利爾台之前後關係者，間有許多紛議，實庫利爾台性質上所難免者。庫利爾台之紛議，卽帝位承繼之爭也。若闡明此紛議之原因及事實，不獨可知庫利爾台制度之利弊，又可以討究蒙古大帝國之分裂，元室衰亡之由來。此節與前節雖有若干重複之嫌，但因考察蒙古建國以來紛議之眞相，有不得不複述者。

（一）蒙古史上第二代合罕俺巴孩，生前欲以其子合答安爲嗣；但因前合罕合不勒，措其諸子而選已爲嗣，不得不指合答安與忽圖剌（合不勒之子）二人爲合罕候補者。然庫利爾台，竟舍合答安而選忽圖剌爲合罕。合答安之懊喪，已不待言。俺巴孩一族，不平尤甚。至也速該橫死之後，擧行祖先祭典時，俺巴孩之二妃，遂與也速該未亡人（卽成吉思汗之母）相爭論而決裂。在俺巴孩子孫泰赤兀惕(Taidjighut)部至西紀一二〇一年被滅於成吉思汗以前，三十餘年間，皆與蒙古

(Mongol)部爲敵。（成吉思汗實錄四七——九頁）

（二）太祖成吉思汗第一次卽位之際，以札木合爲盟主諸部族，非但不來與會；且札木合以兵力與太祖爭蒙古霸權頗久。第二次卽位時，札木合以下諸豪或伏誅或投降，其庫利爾台，始得完全無事。

（三）太宗之卽位也，旣由創業大帝成吉思汗所指名，且由長兄朮赤，次兄察阿歹，及弟拖雷三人，在太祖前推薦；決不能預料庫利爾台有何等異議也。然多數列席者，仍欲背先帝之遺志推戴拖雷；幸拖雷無此野心，元老耶律楚材等又斡旋於其間，方能滿場一致，選定太宗。

（四）定宗卽位之際，因駐營於 Volga 河畔之拔都不來，遂發生未曾有之紛議。拔都雖以足疾借口，其實惡攝政朶咧格揑皇后之失政與措太宗指名之失烈門，而以已出之定宗爲候補者也。拔都爲當時皇族中最有力者，故其他皇族，謂不應於拔都缺席時議決。於是朶咧格揑所開之Eder 河畔庫利爾台，（一二四四年）與 Dalandabas 之庫利爾台，（一二四五年）皆至流會。一二四六年八月，在 Örmektu（卽 Sira-ordo）召集第三次庫利爾台，因拔都仍不來，始得列席者之同意，斷然開會，選舉定宗。

（五）憲宗卽位，專恃拔都之援。拔都對於定宗之爲帝，心極不平。故對於太宗子孫，久不相能，而欲奪其家之合罕之位。而拖雷則未曾與拔都有爭；拖雷死後，其未亡人唆魯木帖尼頗賢，能教諸子；諸子亦皆聰明而勇敢；蒙古皇族大官皆尊重其一家。拔都既與拖雷一家感情最密；與未亡人亦自默契；今聞定宗已死，知時機已到，一面許定宗皇后斡兀立海迷失稱制，一面於已之駐牧地 Alactac(正名 Alak-tugnlakhun) 發布庫利爾台召集令，是實不得不謂異例也。蓋斡兀立海迷失既已稱制，則召集令，當由稱制者發布也。此時之召集令，是否用拔都自身之名義？抑用拖雷未亡人之名義？未詳。要之稱制者儼然健在，乃無視其人，而以他皇族之名召集，可謂僭越已極矣。拔都原知此舉之不法，乃斷然行之而無疑者，（一）對太宗一家報復私怨之念切；（二）確信拖雷家之聲望，與自己之威力，雖打破舊例，亦足以鎮壓皇族大官之不平也。故一二四九年五六月之交，（己酉夏四月遂開庫利爾台於 Alactae。

然因會議之地不能適當，故皇族大官，大半不至。僅攝政斡兀立海迷失，遣使二三人，有所抗議。

出席之皇族，除蒙哥拔都外，有蒙哥之三弟忽必烈，阿里不哥，木哥，及太祖諸弟之子孫。（朮赤合撒兒之次子，斡惕赤斤之二孫，別勒古台之長子）大將中以兀良合台，忙哥撒兒等爲最重要。會議之狀況，東西史書所傳各異。雖元史自身紀傳，亦不一致。蓋如洪鈞之言，會議時發言者多，各隨其所聞而記者。但第一發言者爲何人，亦不能詳。攝政皇后之使以太宗卽位時之諸王誓詞，及太宗遺志爲理由，主張以失烈門爲合罕。拔都忽必烈等，謂太宗遺志已由貴由（定宗）卽位而破壞。對於太祖之愛女 Altalun，不經皇族之裁判而處以刑，亦背太祖舊典之處置。且太宗亦非必欲以失烈門爲嗣，曾撫蒙哥之頭曰「是可君天下」云云，以反對之。遂選定蒙哥爲合罕。但出席會議者，爲數極少；拔都亦覺以此爲定議，頗不穩當，恐釀後日之紛議。乃於席上提議，明春再開第二次庫利爾台於蒙古本土，俟決議後再宣告天下。列席者同意，於是通告攝政皇后，求其贊成。當是時，攝政皇后，與其二子忽察（Khodja）腦忽（Nagu），把持政權，尤惑於巫蠱，失政頗多，殆成無政府之狀態。加以忽察亦覬覦合罕之位，蜚語紛起，人心恟恟。拔都一面遣使於太宗派皇族，卑辭而求其推戴蒙哥；一面授大軍於其二弟別兒哥（Barkai）腦忽（Nagu），使護蒙哥東行。且自駐軍於西方，以備萬一之變。

此第二次庫利爾台於一二五〇年春夏之交，以拖雷未亡人之名，在 Kerülen 河之 Ködeghe-Aral（卽太祖大斡耳朶之地）召集之。太宗之子孫，及察阿歹之嗣也速蒙哥(Yesümüngge)謂推選蒙哥爲違法；主張合罕之位，限於太宗之子孫，而不來會。拔都及拖雷未亡人，恐帝國因此分裂，屢遣使諭之；且謂太祖所創之領土太廣，非幼主所能統治。而彼等仍固執前說。時別哥兒因來東方而待者已一年，遂遣使乞命於拔都，拔都亦遂決心，重行出令，定推戴蒙哥之策。宣言妨害治安者，當處嚴刑。於是朮赤拖雷兩家之皇族，與太宗諸弟之子孫，集於斡難河畔，開第三次庫利爾台，決議對於反對派兩家皇族，求其最後反省。遣一使向攝政及其二子，又一使向也速蒙哥，告以速來議事。失烈門忽察腦忽三人，悟彼等抗議之無益，遂承諾某日出席；然逾期而仍不來。庫利爾台遂確定推戴蒙哥事，命占星師選定舉行大典之時日。乃於一二五一年七月一日（辛亥六月四日）舉行卽位禮。（參照 D'Ohsson 11，元史憲宗紀忙哥撒兒傳）

（六）世祖卽位時所執之形式，已有廢棄庫利爾台制度之狀，致釀成蒙古皇族間之大紛議。故有詳細記述之必要。

憲宗於卽位之九年秋七月二十一日，歿於攻圍蜀之合州城陣中。皇弟木哥（Müke）之使者，於九月一日齎凶報至世祖忽必烈陣中。時世祖尙駐於武湖之南，大江之北。木哥勸其宜卽北歸卽帝位。世祖答云，若不達目的，則空還矣。拒之而渡江圍鄂州城。（武昌）至十一月之半，尙不能拔。會聞末弟阿里不哥有自立之謀；十一月二十八日，倉皇發牛頭山；閏十一月上旬渡江，始納宋將賈似道議和之請。二十日入燕京。翌年春，三月一日至開平。二十四日舉行卽位禮。元史世祖紀曰：

閏十一月已丑，（二十日）至燕，脫里赤方括民兵，民甚苦之。帝詰其由，托以憲宗臨終之命。帝察其包藏禍心，所集兵縱之，人心大悅。是冬駐燕京近郊。中統元年春三月戊辰朔，（西紀一二六〇年四月二十日）車駕至開平。親王合丹，阿只吉，率西道諸王，塔察兒，也先哥，忽剌忽兒，爪都，率東道諸王，皆來會。與諸大臣勸進。帝三讓，諸王大臣固請。辛卯（二十四日西紀五月五日）卽皇帝位。

又波斯史家 Rashid-uddin, Vassof 等所傳，足相發明者亦不少。茲錄如左：

一二六〇年一月，Coubilai（忽必烈）在燕都（北京燕京）城下定其陣營。對 Aric Bouga

（阿里不哥）徵集人民家畜金銀事，有所抗議。阿里不哥返書言全無他意，且對忽必烈及其黨云，將營先帝 Mongou（蒙哥即憲宗）之喪儀在 Altai（實即 Altan 河地方）之蒙哥大帳殿，召集庫利爾台，要求出席。阿里不哥之使者即 Douredji（脫里赤）也。彼謂忽必烈及麾下之皇族，在列席庫利爾台之前，必使其軍隊歸休營所，且求回答。使人復命於阿里不哥，而自留於忽必烈陣營。未幾，忽必烈之與黨定選舉新帝之地於開平附近，忽必烈前往。自其弟 Muke（木哥） Ogotai（太宗）之子 Cadan（合丹） Utchguén Noyan（斡惕赤斤那顏）之子 Togatchar（塔察兒）始，左翼諸王諸將皆列席庫利爾台。駐屯波斯之 Hulagou（旭烈兀） D'joutchi（朮赤）Tchagchai（察阿歹）之子孫，皆因未在，不能召集。於是宣言事體重大，難以一刻猶豫，當即開會。其後滿場一致，選定忽必烈爲帝。按定例之儀式，舉行即位禮。時一二六〇年六月四日（實五月五日）也。新帝年四十四歲。饗宴八日（普通七日）之後，新帝下詔，以車滿載金銀貨幣及貴重布帛，賞賜皇族后妃及將校等。（D'Ohsson, 11, 344-6)

世祖即位之顚末，大略如右。可知定宗即位以後，庫利爾台之制度，未經幾次，即有解體之傾向矣。考世祖所以能卽位之理由，蓋因憲宗生前未定合罕候補者，遂使世祖易遂其野心，此其一因也。想憲宗原有擇巳子爲嗣之希望而未發表者，無非憚其弟忽必烈（卽世祖）耳。憲宗以拖雷之長子，被選而卽帝位。剛明沈毅，能釐革前朝之弊政。謂爲明君，雖或得當；但尙不足稱爲英主。況世祖宏才大略，規模宏遠，足與太祖駢馳，豈憲宗所可及耶？憲宗卽位之初，授以經略漠南漢士之大任，封以關中及河南之一部。其出師攻宋也，親向西邊之蜀；以統率中軍之權，讓於世祖。斯時皇族中，有密奏世祖包藏禍心者，憲宗亦疑之，曾一度斷行關中大檢舉。也可迭烈孫之會兄弟相見而泣，疑獄一時停止。但憲宗疑念未曾煙散；世祖野心，亦未霧消也。蓋憲宗在位時，憲宗派與世祖派，已暗中對立，各自扶植勢力矣。及憲宗崩，憲宗派知憲宗諸子，究非世祖之敵；故用關係於關中大檢舉曾大買世祖派之怨之阿鑑答兒（Alandar）之謀，擁世祖之弟阿里不哥也。今觀兩派之重要人物，勸進世祖者，皇族有世祖之異母弟木哥，太宗之子合丹，察阿歹之曾孫阿只吉，阿卜失哈，及太祖諸弟之子孫。大臣有燕帖木兒，忙古帶，八春，汪良臣，廉希憲，商挺等。勸進阿里不哥者，皇族有憲宗之三子阿速歹，玉龍答失，昔里吉，太宗之孫海都，察阿歹之孫阿魯忽，旭烈兀之子出木哈兒等。大臣有阿鑑答兒，脫里赤，渾都海，脫火思，明里火者，怯的不花，霍魯懷，劉大平等。世祖之親弟旭烈兀已不待言；尤赤察阿歹之子孫，遙爲世祖聲援者亦不少。大勢有利於世祖，已無容疑。觀此則蒙古之皇族大官，如何分黨而爭，亦可知矣。

據蒙古習慣法，憲宗崩時，其長弟又皇族中最有勢力之世祖，應推憲宗皇后中最有力者爲攝政；以其名義，召集庫利爾台。由憲宗諸子中，推舉最適任者爲帝。若皇后中無堪攝政之任者，則留守蒙古本土之阿里不哥，按太祖崩後拖雷之例，當爲監國；而於其地召集庫利爾台；與世祖合謀，推舉憲宗諸子中之一人爲帝。然憲宗正后忽都台已先憲宗而殂；其他似無有力之皇后。則阿里不哥在和林附近 Altan 河畔之帳殿，召集庫利爾台，要求世祖出席，洵可謂合宜之舉。然阿里不哥，自受庫利爾台之推戴，無論如何亦爲懷野心而有不穩當之嫌。但憲宗諸子，既率先推薦，是亦不可爲彼之咎也。反之，世祖方面，（a）無集庫利爾台之資格；（b）以開平爲庫利爾台之地，頗不適當；（c）不由憲宗皇后或諸子之推薦，而受其他皇族之推薦，亦失當也。要之世祖乃恃其實力，恣意破壞慣例者也。其即位也，殆即自立；而猶執庫利爾台之形式者，因不能完全不顧慣例耳。而元史以阿里不哥之卽位爲違法，書爲謀叛，是明爲史臣之曲筆。所謂成則爲王，敗則爲寇之筆法也。烏可從乎？

（七）成宗卽位之際，有欲推成宗者，有欲推成宗長兄甘麻剌（Kamala）者，成宗當世祖在位時，已有立爲太子之命，爲庫利爾台之公認候補者。故先帝之遺臣伯顏，玉昔帖木兒等，皆成宗黨也。當衆議未決時，伯顏按劍，玉昔帖木兒亦以決死之態度脅迫會衆，成宗方得卽位。其顚末已見前章，玆不復贅。至元貞二年，甘麻剌被指爲有異圖，賜死。（元史卷一九成宗本紀）

（八）武宗卽位之際，有擁立武宗派，與擁立阿難答（Ananda）派之爭。武宗久鎭北邊有功；又有皇弟仁宗援助之，右丞相哈剌哈孫又內應之，遂得最後之勝利。然阿難答乃世祖之孫，武宗乃世祖之曾孫也。成宗崩後，皇帝之資格，阿難答較武宗，有優無劣。況欲立阿難答者，乃成宗崩後稱制之皇后卜魯罕也。先帝指名之皇太子德壽已薨，攝政皇后召集庫利爾台，指名候補者，實遵慣例之穩當處置也。況皇族有也只里，明里鐵木兒，大臣有左丞相阿忽台，平章八都馬辛等參與之乎？而右丞相哈剌哈孫內應武宗，制於機先，而一網打盡反對黨，武宗遂卽位矣。元史武宗紀曰：

（大德）十一年春，帝（武宗）聞成宗崩，三月自按台山至於和林。諸王勳戚畢會，皆曰，今阿難答明里鐵木兒等熒惑中宮，（卜魯罕皇后）潛有異議。諸王也只里昔嘗與叛王通，今亦預謀。既辭服伏誅，乃因闔辭勸進。帝謝曰吾母吾弟在大都，俟宗親畢會議之。先是成宗違豫日久，政出中宮，命仁宗與皇太后出居懷州。至是仁宗聞訃，以二月辛亥與太后俱至京師（大都）安西王阿難答與諸王明里鐵木兒已於正月庚午先至。左丞相阿忽台平章八都馬辛前中書平章伯顏，中政院使怯烈道興等潛謀推成宗皇后伯要眞氏（一作伯牙吾氏，名卜魯罕）稱制。阿難答輔之。仁宗以右丞相哈剌哈孫之謀，言於太后曰。太祖世祖創業艱難，今大行晏駕，德壽已薨，諸王皆疎屬，而懷寧王（武宗）在朔方，此輩潛有異圖，變在朝夕，俟懷寧王至，恐亂生不測，不若先事而發。遂定計，誅阿忽台怯烈等，而遣使迎帝。五月至上都。乙丑，仁宗侍太后來會。左右部諸王畢至，會議，乃廢皇后伯要眞氏，出居東安州賜死，執安西王阿難答，諸王明里鐵木兒至上都，亦賜死。甲申皇帝卽位於上都。……

卽武宗之黨，與成宗皇后卜魯罕（伯牙吾氏）有私怨而反對之也。德壽薨後，諸王皆疎屬，雖屬事實；但武宗亦非其中最近親者。而武宗卽位之詔自辯曰：「咸以朕爲世祖曾孫之嫡，裕宗正派之傳，以功以賢，宜膺大寶」云。其實阿難答爲世祖之嫡孫，與成宗爲從兄弟。若言裕宗正派，則應先推甘麻剌之長子也孫鐵木兒。（後泰定帝）其所謂「以功以賢」云云，不過自贊之辭耳。其實阿難答亦鎭撫北邊，勳勞不在武宗之下。且彼爲宗王之長，當總漠北之戍軍。果如屠氏之說，（蒙兀兒史記忽必烈汗諸子傳）則武宗卽位，全無理由。元史（卷一一四）后妃傳謂卜魯罕皇后欲立阿難答者，恐武宗報前怨之故。是亦元朝史臣媚武宗及其子孫之曲筆。武宗實無何等理由可爲成宗之嗣也。要之武宗之卽位，與世祖頗相似。不顧舊慣，違背祖法，只以實力横領帝位耳。此乃元室之帝位承繼上再興惡例，而使以後繼承問題，益陷於糾紛者也。

（九）仁宗卽位之時，完全無事。

（十）英宗卽位之事，據元史明宗紀云，仁宗爲皇太子時，曾與武宗約，傳位於武宗之子明宗。然至延祐三年建儲議起，依丞相鐵木迭兒之主張，立己子英宗爲太子。鐵木迭兒所以作此主張者，欲恃定策之功以專權耳云云，蓋事實也。然仁宗若果有立明宗之覺悟，則鐵木迭兒之計畫，必成泡影；權臣專横之弊，可得防於未然。但以人情察之，仁宗不應不喜傳位於其子。又仁宗母后，殆亦欲維持自己之權勢，而有此希望。英宗紀謂英宗自以幼弱（時年十四）無能固辭，太后不許，殆洩此消息者。由是觀之，英宗之卽位，爲武宗諸子之所不喜，已不待言。但其不平，未現於表面，故未起紛議耳。

（十一）泰定帝之所以卽位者，英宗遇弒之結果也。弒英宗者，鐵失等所爲，泰定帝或未參與其逆謀。迎立泰定帝之皇族中，有月魯鐵木兒，按檀不花，二人。前者爲阿難答之子，後者其弟也。阿難答乃被武宗所殺之人，爲反對武宗派，故擁立泰定帝。抑泰定帝者，世祖直系之曾孫也。眞金未及卽位而薨，因其嫡長子甘麻剌遜讓，故帝位移於眞金之末子成宗，轉而移於第二子答剌麻八剌之子孫，相傳及於三世。甘麻剌之子孫，豈能無不平乎？泰定帝當武宗仁宗英宗卽位時，亦常參與翊戴之謀，而具盟書；又於英宗卽位之初，獻土地於朝廷；此非必眞盡忠勤於武宗之子孫也，殆謀一身之安全耳。其後文宗卽位詔中，謂弒害英宗之陰謀，泰定帝曾參與之。曰：「與賊臣鐵失也先帖木兒等潛通陰謀，冒干寶位，使英宗不幸於大故，」其果然耶？雖難置信；然至少泰定帝見英宗之過弒，亦認爲絕好機會。其受迎立也，倉皇而在 Kerülen 河畔舉行卽位禮，亦可見其心之滿足矣。

（十二）泰定帝之崩也，大臣倒剌沙等擁立皇太子阿速吉八，卽位於上都。而留守大都之僉樞密院事燕鐵木兒威嚇百官而定推戴武宗遺子之策出兵與阿速吉八黨戰，破之而明宗乃卽位。明宗黨之主張曰「大德十一年，武宗入繼大統，立仁宗爲皇太子，命以次傳於帝。（明宗）武宗崩，仁宗立，延祐三年春，議建東宮時丞相鐵木迭兒欲固位取寵乃議立英宗爲皇太子。又與太后幸臣識烈門譖帝於兩宮浸潤久之，其計遂行。於是封帝爲周王，出鎮雲南。」（明宗紀）云云，以表明明宗之當卽位。又曰元來「天下者我武皇之天下，」（明宗紀）「泰定時王統編」（寧宗紀）云云，卽言至此始反正也。編元史者所以以燕鐵木兒之行爲爲義擧者，蓋明宗以下四朝，皆武宗之子孫；元末史臣，對於武宗之子孫，不無曲筆也。燕帖木兒等定策之際，先迎明宗之弟文宗而強立之，觀其所謂「人心向背之機，間不容髮，一或失之，噬臍莫及，」可想見其苦心經營之一斑矣。而天下之人心決不如武宗之黨所言，非自始卽翕然而向武宗之二子者。況所謂「洪惟我太祖皇帝混一海宇，爰立定制，以一統緒，宗親各受分地，忽敢妄生覬覦，此不易之成規，萬世所共守者也。世祖之後，成宗武宗仁宗英宗，以公天下之心，以次相傳，宗王貴戚，咸遵祖訓。……」（文宗卽位之詔）者，固非事實之眞相也。

天曆二年正月，明宗卽位於和寧（卽和林）之北。同月出發南行而向上都，八月次於王忽察都，(Onggachatu) 數日後暴崩。據順帝紀則明宗非病死而變死者。但非泰定帝之陰謀，實被明宗之弟文宗暗殺者。昔者英宗卽位，而武宗仁宗兄弟反目；今武宗二子，明宗文宗，又起異常之軋轢。皇位繼承之爭，愈演愈烈。骨肉相殘，有元室不亡爭奪不已之勢。

（十三）文宗之崩也，大臣燕帖木兒欲立皇子燕帖古思，而皇后不答失里則遵文宗之遺志，欲立明宗之子。但其長子妥懽貼睦爾被謫而居靜江，乃立留於大都年方七歲之次子懿璘質班，卽寧宗也。燕帖木兒所以欲立燕帖古思者，亦欲恃定策之功以專權耳。皇后之欲立寧宗者，外可得棄私情而重先帝遺命之美名，內則防燕帖木兒之弄權，而思自握政權也。

（十四）寧宗崩，燕帖木兒復欲擁立燕帖古思，而皇后再斥之，斷然迎立妥懽貼睦爾。（卽順帝）曰：「吾子尙幼，妥懽貼睦爾在廣西，今年十三矣，且明宗之長子，禮當立之。」又曰，「萬歲之後，其傳位於燕帖古思，若武宗仁宗故事。」故順帝得安然卽位。卽位之詔，謂武宗之子孫，爲元室之正統，與明宗文宗寧宗之詔無異。及順帝年漸壯，知其父明宗非以壽終，故至元六年，撤文宗之廟主，放文宗皇后不答失里於東安州，放皇子燕帖古思於高麗，下詔宣告天下。武宗之子孫，黨爭如何激烈，亦可見矣。是亦值讀者之一顧也。

第六章　結言

庫利爾台者，乃定蒙古君主時，欲避有權力者之獨斷，而委以多數人之選擇，冀棄一人之私情而遵天下之公論，不承認所謂父子世襲或長子相續之制者也。今之代議制度，及共和國選舉大總統等進步制度，固非彼等所能夢想。然彼等之君主，固不可不爲彼等多數認爲最有人君之器者。此種選舉制度，果爲原始的國家所固有者否，雖未可知；但徵於合不勒以來之事實，被擬爲皇帝者，必爲蒙古之皇族；未聞指一牧羊者牧馬者，爲蓋世英雄者。且以由前君主諸子中，認爲最適當而選舉之爲慣例。蓋以一定之門閥爲條件外，全以人物爲本位。故被選爲蒙君主者，必爲蒙古王侯中最有力者。前如俺巴孩，忽圖剌，後如成吉思汗，太宗，憲宗，皆以一代之英傑，爲蒙古帝國之君主，殆無間然。故國運益形發展，而建設空前之大帝國。

然詳考之，蒙古國帝之建設，及其隆盛，實非庫利爾台制度之所賜也。帝國之眞創立者成吉思汗，非俟庫利爾台選舉而始得帝位者，乃擊敗競爭帝位者之札木合以後，借庫利爾台之形式而卽位者。至如憲宗及世祖，寧可謂爲自立，決非全國王侯貴族合辭勸進，始卽帝位者。卽謂因帝國之隆運，太祖子孫偶多俊傑之所致，亦無不可。惟太宗以太祖第三子得卽帝位，則爲庫利爾台制度之所賜。但其人物雖較長兄朮赤次兄察阿歹爲優，果較其弟拖雷無遜色乎，且傳言當時庫利爾台之開始大勢，本有利於拖雷，更不能無疑。其後拖雷子孫，得西方大藩王拔都之後援，與太宗之黨爭帝位，終占勝利，而永爲其家所獨占者，非無故也。果爾，則庫利爾台之利，殆無足述；而其弊則不可勝言矣。

庫利爾台之弊，如前章所述甚明。故帝位繼承之際爭議不絕，以致皇族反目，大臣軋轢，而爲亡國之大因。考蒙古帝國之分裂，成於海都之叛亂；而海都之叛亂，實由斡歌歹（太宗）黨與拖雷黨爭位啓其端。及海都之亂止，太宗之黨全亡，元朝之禍，復起於蕭牆。陰謀譎詐，靡所底止。如泰定帝弑英宗而達多年之宿望，明宗逐泰定帝之太子，文宗弑明宗而自登帝位皆是。成宗以後，歷朝天子卽位詔中，不僅呶呶向天下辯明其卽位之理由，甚至爬羅剔抉先代之罪惡而不知恥。天子既如此矣，故后妃權臣，乘勢結黨，擁皇族以相爭。敗則被刑罰，勝則恃定策之功以弄威福，固其宜也。一代之趨勢既如此，雖時有英明之君主，亦不能制之。政令愈亂，紀綱全弛，故南方之漢人連號一呼，而元室立亡矣。

茲猶有當一考者，卽庫利爾台舉行卽位禮時，列席者所上新帝之誓辭也。D' Ohsson 之蒙古史，根據波斯舊記，載有選定太宗定宗之庫利爾台宣誓之辭。太宗所受之誓辭曰：

我等限於御身之子孫，投於草上而牝牛不喫，置於膏中而狗不取所存之一片肉，誓不置他皇族之王於皇位。(11, 12)

定宗所受者曰：

御身之子孫，限於塗以膏或草而狗及牝牛不喫所存之一塊肉，不與他人以合罕之位。(11, 199)

兩者之間，完全同一。後者爲編者省略之辭，前者乃傳其原形者。茲所謂「牛狗不喫」之誓，據那珂博士（實錄五八五頁註）之說，爲「有威靈」之意。卽誓約曰「限於卿之子孫中有威靈者，不以帝位與他之皇族」也。據 D'Ohsson (11, 246-7) 列席於 Alactac 庫利爾台之將軍 Ilchidai

以上於太宗之誓詞爲理由，反對推薦非太宗苗裔之憲宗。定宗即位時，會衆亦上同樣之誓詞。故誓詞之意義，已毫無可疑。果爾，則蒙古合罕應只授於太宗之子孫，拔都等援助憲宗之庫利爾台，不得不謂爲完全違法；太宗子孫，對於拖雷子孫之極力反抗，似可謂最合理，而當表同情者。然觀俺巴孩以來之庫利爾台，合罕之候補者，決不限於特殊之一皇族。乃至太宗時，開此新例，由庫利爾台制度上言之，實不可不謂爲重大之改革。而此改革，實由於太祖之英斷。據祕史，太祖將西征之前，曾召集四子，使指合罕承繼者，指名斡歌歹。斡歌歹答曰：

合罕額赤格（皇帝之父之意）恩賜之言，吾將何說？我欲言我不能，我將何言？我言極力謹慎，久後我子孫若生有裹於青草而牛不喫，裹於膏中而狗不喫（者），將使（如）麋之跳越（如）鼠之順去。我言只此，別無何言。」（成吉思汗實錄四七一——二頁）

其後太祖向其他三子及孛斡兒出、木合里等重臣之諭語中，有云：

斡歌歹之子孫，若生有裹於青草而牛不喫，裹於膏中而狗不喫（者），我子孫之內，豈竟不生一善者耶？

卽太祖亦明言限於斡歌歹子孫，授以合罕之位。但萬一爲不才不德者時，始由他皇族中求繼承者耳。（靑草云云等語在誓詞則爲「有威靈」之譬喻；在上二段中則爲「不才無能」之譬喻無疑麋鼠之譬，當爲「使速去位」之義。）然則諸王上於太宗定宗之誓詞，實守太祖之遺法者，決非太宗及太宗派之強求者可知。但旣如此，則庫利爾台制度卽不可謂爲完全消滅。何則？由太宗子孫中立候補者時，有諮于衆議之必要故也。更進一步而硏究上之誓詞，其誓詞不云「限于太宗之子孫，」而云「限於太宗子孫且有威靈者，」若太宗子孫中，絕無具備合罕（皇帝）之才能者，則庫利爾台得於太宗以外皇族之子孫中求其適任者。是故拔都等擁立憲宗時，太宗子孫，欲推戴太宗之孫失烈門，拔都等見失烈門幼弱，而以「國賴長君」爲理由，主張擁立憲宗，亦不能定謂爲違法也。世祖不立憲宗諸子，又反對阿里不哥而自登帝位，亦不可於同一理由（寧爲口實）下承認之。

由此觀之，庫利爾台制度之破綻，旣於太祖時發其端矣，據諸王大官上太宗之誓詞，已甚顯著。太祖所以在庫利爾台制度上，敢作此大膽之改革者，殆已看破此種制度，必爲蒙古帝國之禍源之故。由此可見太祖之英明，但太祖不能百尺竿頭更進一步，斷然廢止此種制度，而代以父子世襲制度者，一則不忍破此慣例，一則恐惹皇族之乖離也。後日世祖既宣言「爲不顯立冢嫡遂啓爭端」，公然指摘祖法之不備，而仍不能斷然制定新相續法者，亦同此理。庫利爾台之制度因太宗所受之誓詞而一變，自世祖册立皇太子而再變，但終不能完全廢絕。故帝位繼承之際，常爲有野心之皇族大臣所利用，而造成元室衰亡之勢。

〔本篇內容較史學雜誌所載之初稿頗有異同，蓋經故博士手訂故也。又改訂之餘白中，往往記有元史及其他史料，但不知應插入何處，故削之。乞故博士及讀者諸彥諒恕。改訂稿中，缺欠目次，從其他論文之例由編者補之。〕

三 元朝牌符考

第一章 緒言

余就蒙古之驛傳，久有調查；後因缺乏資料而中止。其後學友羽田亨氏，曾行研究，作有蒙古驛傳考，在東洋協會學術調查部報告中發表。捧讀之下，知其中除由元史，D' Ohsson 蒙古史，及西洋人紀行錄中所得之資料外，並引用余多年渴望之元典章。其中雖未詳說，但簡而得要，余得其啓發者不少，良深欽佩。其後未幾，元典章之新版，傳至日本，余亦購得一部。至大正八年末，東洋文庫又藏有永樂大典本之經世大典析津志成憲綱要等，關於驛傳之部分者數册，此實學界之一大福音也。於是關於元朝驛傳之資料，大致完備；余於是着手研究，將作元朝驛傳考以問世。適一友余告曰，羽田氏補訂舊稿，有大成其研究之企望；余乃暫將蕪稿束之高閣，靜待羽田氏發表論文。

本稿元朝牌符考，乃與驛傳考相關連而調查者。問題雖不免偏狹，但在中國古代交通史上，決不可以忽視。卽在論日本驛傳之源流者，亦爲先決問題之一。至牌符之形式，用途等沿革，亦足發露中國人之特有思想，故先作此篇以問世。惟在滿鮮地理歷史研究報告中，發表此文，似稍有不適當之嫌。不過此文亦曾言及遼金二朝之制，而遼金則與元朝同建國於北族之間者。故由中國文化影響上言之，亦無大不當也。

考證中國歷代牌符之制，本非易事。而其形式，尤當就實物研究之。然秦漢以前不必言，即秦漢以後，牌符之現存者，亦只九牛之一毛。欲於日本求之，更不可能。幸有羅振玉氏，廣搜博訪，甄別眞僞，在文獻及實物兩方，選出全無可疑之符六十，牌四十六，名曰歷代符牌圖錄，於民國三年出前卷，五年出後卷，誠爲學界之珍。故欲講中國牌符者，必先謝羅氏之勞。據羅氏序文，淸朝瞿木夫（中溶字萇生）有古虎符考一卷，翁叔均（大年）亦撰有古兵符考略，惜皆未見，故羅氏有自行考證著述之意。羅氏之大著既出，拙稿或成一種廢物，亦未可知。羅氏之研究，對於牌符之形樣沿革，實極精到而該博，此爲羅氏獨擅勝場之處，非他人所能企及者。本稿在研究元史之途徑上，因關於驛傳問題之一部，欲述牌符之意義、種類、用途等。只就漢代古符牌，稍加考察，但亦非完璧，因而不能溯邈古而尋其起源。至近代明淸二朝之制，亦未及考證。故全體之大成，尙當期諸異日也。

談中國古來典制者，每精於漢唐；詳於明清；獨對於元朝，則極其疏略。牌符之制亦然。續文獻通考王禮考，及古今圖書集成符節部，皆多遺漏。東涯（日本伊藤長胤，字東涯）制度通，亦全未言及。羅氏歷代符牌圖錄中，亦只收元國書牌一面拓本。此亦本稿所以專注重於元朝牌符之一因也。

第二章　元朝以前之牌符

周禮有所謂六節之制，今姑不論。戰國之世，已有虎符。秦王子嬰降軹道旁，曾封皇帝璽與符節，付沛公劉邦。漢五年，劉邦卽帝位。翌年論功，亦與諸列侯剖符行封。由是觀之，符制甚古，惜無由詳知耳。而學者之言符牌者，概自漢文帝班符始。

文帝卽位之二年，始造銅虎符及竹使符。史記卷一〇孝文本紀，「九月初與郡國守相，爲銅虎符竹使符。」則此符乃因交付當時地方長官之國相郡守而造者。

銅虎符，卽銅鑄作虎形者也。歷代符牌圖錄中，收有桂陽太守虎符等八個精拓本。據後漢應劭及唐顏師古兩氏之說，符本作右半左半二片，右半留於朝廷，左半交付地方官。徵兵於其地時，朝廷以右半付使臣，攜之而至其地；地方長官以所有之左半合之，若能合成一符形，始承認其爲使臣；故此符乃作信任狀用者。銅虎符有五，自第一號至第五號止。後世南朝梁制，「諸王皆假金虎符，第一至第五左」蓋付諸王以左半也。圖錄中有「常山左三」，即付常山郡太守者爲「左第三號」，則朝廷當然保有「常山右三」明矣。

銅虎符之制，非必始於漢文帝時。古人謂周禮之虎節爲其起源。東漄之制度通，亦謂信陵君盜符事，爲此種推定之有力旁證。據史記卷七七信陵君列傳，秦昭王圍趙邯鄲，魏王使將軍晉鄙救趙，秦王威脅魏王，魏王恐，命晉鄙持兩端。魏公子信陵君乞王救趙，不聽，乃使王之寵姬盜兵符，攜而赴之，合符以奪晉鄙之軍。晉鄙合符而疑，信陵君遂命壯士椎殺之，率軍救趙，解邯鄲圍。此段記事中，有「晉鄙兵符」及「得虎符奪晉鄙軍」等語，蓋晉鄙之兵符，一半在晉鄙之手，一半則信陵君由王臥室內盜出者，實虎符也。晉鄙虎符之形式，是否與漢符相同，固難斷言；想係大略相同。但頒給於地方長官，則自漢文帝二年始，如史記漢書所記。

竹使符者，竹製之符也。不稱竹符而稱特竹使符者，因與銅虎符相對，在造語上以使字充之。因符皆爲給使者取信故也。竹使符之制不明。應劭曰「竹使符皆以竹箭五枚，長五寸，鐫刻篆書，第一至第五」，此說似合竹箭五本而作一符者；其實不然。殆用長五寸之竹箭凡五枚，自第一至第五也。

史紀卷八漢高祖本紀，漢元年條註云：「說文云符信也，漢制以竹長六寸，分而相合。」此殆卽竹使符之制也。其長度彼此相差一寸。但云「分而相合」則剖一竹而各取一半，與銅虎符同矣。（一）

（一）後漢書卷三六百官志，符節令條補注曰：「周禮掌節有虎節龍節，皆金也。干寶注曰：漢之銅虎符，則其制也。周禮又曰：以英蕩輔之。于寶曰，英刻書也，蕩竹箭也。刻而書其所使之事，以助三節之信，則漢之竹符者亦取於故事也。」按于寶爲晉儒，有關於周官周易春秋之著述，其說可信。果然，則竹使符之制，殆始於春秋戰國之際者乎？仍待考。

銅虎符竹使符用法之別，據後漢書卷六一杜詩傳云：「初禁網尙簡，但以璽書發兵，未有虎符之信。詩上疏曰，臣聞兵者國之凶器，聖人所愼。舊制發兵皆以虎符，其餘徵調，竹使而已。符策合會，取爲大信，所以明著國命，斂持威重也。間者發兵但用璽書，或以詔令。如有姦人詐僞，無由知覺。愚以爲軍旅尙興，賊虜未殄，徵兵郡國，宜有重愼，可立虎符以絕姦端。」云云，可謂簡而得要。且牌符之制之所以起，亦大略說明矣。杜詩爲漢光武帝時人，可見虎符當前漢之末，一時全罷。然唐六典卷八門下省符寶郎條註曰：「後漢太守都尉初除，與璽書及發兵，亦與璽書，或與詔書，姦僞刻造，無由檢知。至順帝以此制煩擾，但召封節令，發銅獸（實卽銅虎）竹使符耳。」此言若可信，則後漢中葉以後，其制已大亂矣。

漢世於上二符之外，又有稱爲傳者。(一)傳有木製帛製二種。木製者稱木傳信，帛製者稱繻，或稱繻符。漢書卷一二平帝紀元始五年條，有「駕一封軺傳，遣詣京師」之語。其註曰：「如淳（三國魏人）曰：律（漢律）諸當乘傳及發駕置傳者，皆持尺五寸木傳信，封以御史大夫印章。其乘傳參封之，參三也。有期會累封兩端，端各兩封，凡四封也。乘置馳傳五封也，兩端各二，中央一也。軺傳兩馬再封之，一馬一封也。師古（唐人）曰：以一馬駕軺車而乘傳。」卽以封印之多少，表示使者許徵馬匹之數。一封一馬，五封五馬，與日本上古驛馬傳馬之數依鈴傳符尅之數者相似。(二) 漢書卷一下，高祖紀五年條，「田橫乘傳詣雒陽」之注曰：「如淳曰：律，四馬高足爲置傳，四馬中足爲馳傳，四馬下足爲乘傳，一馬二馬爲軺傳。急者乘一乘傳。」卽隨事之緩急而馬足有遲速，故其名稱有異耳。馬匹之數，當不限於四頭以下。(三)

(一)周禮地官曰：「掌節掌守邦節，而辨其用，以輔王命。凡通達天下者，必有節，以傳輔之。無節者，有幾則不達。」則傳之制，似亦頗古。

(二)令集解卷三四公式令曰：「凡給驛傳馬，皆依鈴傳符尅數，親王及一位驛鈴十尅，傳符卅尅，三位以上驛鈴八尅，傳符廿尅。」

(三)漢書補注，平帝紀元始五年條曰：「沈欽韓曰，漢舊儀，丞相椽屬以詔使案事御史爲駕一封，行赦令駕二封。姚鼐曰，如引律，以高紀住所引律合之。此所云五封者，卽彼所引四馬高足爲置傳也。如劉屈氂傳長史乘疾置是也。所云曰封者，中足爲馳傳也。所云三封者，下足爲乘傳也。以緩急別用馬之上下。此三等乃出使者及吏二千石所乘，故當用御史大夫印封也。若軺傳，則乘者事輕所在爲駕，固不必是御史大夫印矣。如梅福從縣道求假軺傳，司隸從事爲申屠蟠封傳是也。然則後世有以使臣出，當名乘傳，而稱傳軺者，乃是誤也。至漢律所云當乘傳，謂其爵位使命當乘也。發駕置傳，謂其爵位非應乘傳，特發傳以往迎其人也。儒林傳，以安車駕駟，迎申公弟子二人乘軺傳。案申公所乘，則所云發者，與說文槧傳信也，此卽如淳所云尺五寸木」云云。概屬可從。

帛製之傳，似專用於出入關門者。據漢書，文帝十二年三月，除關用傳。景帝四年春，復置關用傳，以嚴出入。此所謂傳，卽帛製者也。如淳謂「兩行書繒帛，分持其一，出入關，合之乃得過，謂之傳。」漢書卷六四終軍傳曰：「初軍從濟南，當詣博士，步入關。關吏予軍繻，軍問以此何爲？吏曰，爲復傳，還當以合符，軍曰，大丈夫西遊，終不復傳還，棄繻而去。軍爲謁者使行郡國，建節東出關，關吏識之曰，此使者迺前棄繻生也。軍行郡國，所見便宜以聞，還奏事上甚說。」觀此益明。漢書於前文之下，註以諸家之說曰：「張晏（三國魏人）曰：繻音須，繻符也。書帛裂而分之，若券契矣。蘇林（三國魏人）曰：繻帛邊也，舊關出入皆以傳，傳煩，因裂繻頭，合以符信也。師古曰：蘇說是也。」顏師古謂蘇說爲是，其理由不明。師古於文帝紀注中曾云：「張晏曰：傳信也，若今過所也。李奇曰：傳棨也。」又加己見曰：「張說是也，古者或用棨，或用繒帛，棨者刻木爲合符也。」此所謂棨，當即如淳之所謂木傳信。出關入關時，既不用木傳信而專用繻符，則張蘇二氏所言，畢竟一而非二矣。李奇謂傳棨也；如淳謂繒帛之符爲傳，皆不誤。唐六典卷六注曰：「古書帛爲繻，刻木爲契，二物通爲之傳，傳如今過所。」則木傳信與繻，皆謂之傳矣。要之木傳信，爲公用使者之旅行護照，且明示其得徵發之馬匹之數者。繻則一般旅行者用爲出入關門之憑證者。漢書卷八宣帝紀本始四年春正月詔曰：「今歲不登，民以車船載穀，入關者，得毋用傳。」師古注曰：「傳，傳符也，欲穀之多，故不問其出入也。」可以爲證。

要之漢代符信中，有銅虎符，竹使符，木傳信，繻，四種。銅虎符竹使符之左半，皆給地方官。前者用以徵發軍兵後者用作軍兵以外之徵發。木傳信則徵發驛馬。繻則用以出入關門者。

三國兩晉南北朝牌符之制不明。但唐六典卷八門下省符寶郎條曰：「至順帝（後漢）以此制（只用璽書之制）煩擾，但召符節令發銅獸（卽銅虎）竹使符耳。歷魏晉宋梁陳皆用之。後魏有傳符，歷北齊隋皆用之。」歷代符牌圖錄中收有晉虎符精拓本三，可知其制與漢制略同。此外南朝之梁，諸王則與以金獸符（自第一至第五左半）竹使符（自第一至第十左半）諸公侯則付以銅獸符及竹使符，（自第一至第五左半？）見於隋書卷二六百官志。北朝之齊，發諸州鎭兵時給以銅獸符。諸刺史當拜代召等時用竹使符，見於文獻通考卷一一五王禮考。東涯制度通云：「銅獸符，卽銅虎符。北齊書作於唐世，故避唐之諱而改其名」云。按唐高祖李淵之祖父諱虎，故唐代常避虎字。梁之金獸符，齊之銅獸符，實卽金虎符，銅虎符也。

隋文帝開皇七年，頒符於諸州長官，隨方位而異其符名。東方總管刺史，給青龍符。西方給騶虞符。南方給朱雀符。北方給玄武符。見隋書卷一文帝紀。此符名，乃按五行配合法者，故頒給西方長官者，當爲白虎符。亦因隋書編於唐代而避虎字，故以騶虞代之歟？騶虞者，瑞獸之名也。又據隋書開皇九年閏四月造木魚符，頒給上述之地方官。十年十月，頒給京師官五品以上，十五年五月造銅魚符，頒給京師官五品以上云。唐制符契用魚，故隋書於此等處亦避虎字而用魚字。而符牌圖錄所收之隋符，有赤城府虎符等凡十一，皆虎符也。可知隋書之木魚符，銅魚符，實皆木虎符，銅虎符也。

唐代符信之制大備。今據新舊唐書，唐六典，及文獻通考等，述其概略於左：

舊唐書卷四三職官志，門下省屬官之一，有符寶郎。其職掌爲「掌天子八寶及國之符節，辯其所用，有事則請於內，既事則奉而藏之。」其下列舉八寶之名目，及國之符節。並云：「凡國有大事，則出納符節，辯其左右之異，藏其左而班其右，以合中外之契焉。」以說明銅魚符以下五種符節。今爲便宜計，列表如左：

- 銅魚符（起軍旅易守長）——兩京留守折衝府左右金吾宮苑總監牧監等
- 雙龍符——太子監國
- 麟符——京都留守

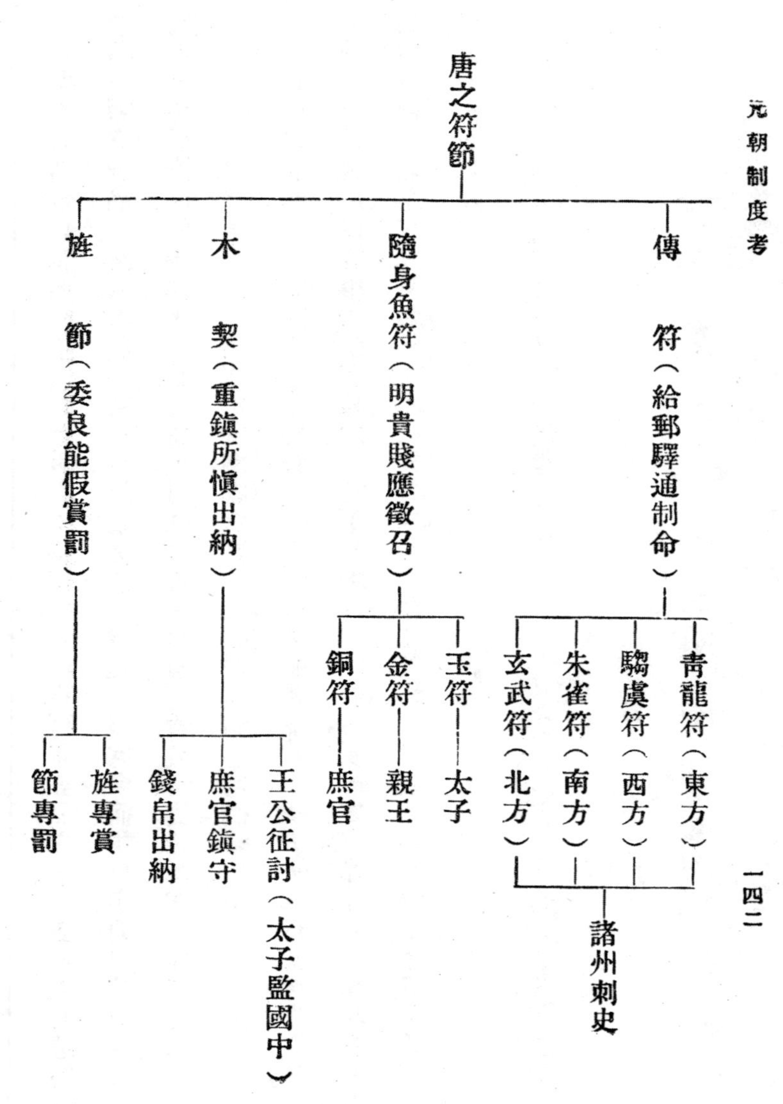
唐之符節
傳
符（給郵驛通制命）
青龍符（東方）
騶虞符（西方）
朱雀符（南方）
玄武符（北方）
諸州刺史
隨身魚符（明貴賤應徵召）
玉符——太子
金符——親王
銅符——庶官
木
契（重鎮所慎出納）
王公征討（太子監國中）
庶官鎮守
錢帛出納
旌
節（委良能假賞罰）
旌專賞
節專罰

表中隨身魚符，其目的在示佩用者之身分，左半存內，右半在外。召太子以玉符之左半，太子以所有之右半勘合之，乃赴。親王庶官準此。符上刻其位與姓名，盛以魚袋。刻姓名者去官則納還。不刻姓名者，傳交他人佩用。(一) 歷代符牌圖錄中，有刻「左武衞將軍傳佩」「同州刺史傳佩」「朗州傳佩」等字之魚符，蓋皆不刻姓名之隨身魚符也。表中之旌節，不知何用，似附與以表彰善行懲戒不善行之權利者。木契之用不甚詳，職官志只云「木契之制，太子監國，則王畿之內左右各三，王畿之外左右各五，庶官鎭守，則左右各十。」車服志曰，「皇帝巡幸，太子監國，有軍旅之事則用之，王公征討皆給焉，左右各十九。」如是似當太子監國時代銅魚符而用之者。又據同志之記事，有勅召者出入宮門時用之。據「魚契所降，皆有勅書」之文推之，木契實亦可稱爲木魚符。(二) 又戶部屬官中金部郎中出納錢帛時，置木契，倉部郎中給米於中外文武官時，置木契，以糺其合否，殆卽職官志所謂愼出納者歟？

(一)參照唐書卷二四車服志

(二)車服志曰「木契符。」又宋史輿服志，謂宋造銅虎符，乃仿當時皇城司所存木魚契之形狀者。可知唐之木契，亦得稱木魚符，或木魚符。宋之銅虎符，可就符牌圖錄觀之。

傳符一名傳信符，似繼古之木傳信之系統者。似從古來之制，爲木製者。（一）然宋史卷一五四輿服志符劵條曰：「唐有銀牌，發驛遣使，則門下省給之。其制，闊一寸半，長五寸，面刻隸字曰勑走馬銀牌，凡五字，首爲竅，貫以韋帶。其後罷之。」驛傳用銀牌，雖屬無疑，但爲木牌，罷後代以銀牌者乎？抑兩牌並存乎？不詳。

（一）然謂皇太子之雙龍符，京都留守之麟符，亦爲木製，則不能無疑。文獻通考卷二一五王禮考曰：「煬帝幸遼東，命鄭玄爲京師留守，樊子蓋爲東都留守，俱賜玉麟符，以代銅獸。」云云，則唐之麟符雙龍符，殆皆玉製乎？仍待考。玉麟符之形狀，可就符牌圖錄觀之。

銅魚符似繼前代銅虎符之系統者。唐書卷一高祖紀武德元年條曰：「九月癸丑，改銀菟符爲銅魚符。」則唐初先有銀菟符，其後乃有銅魚符也。車服志曰：「初高祖入長安，罷隋竹使符，班銀菟符。」是隋代本有銅虎符木虎符，唐初所以改爲銀菟符銅魚符者，亦因高祖避其祖父之諱耳，決非繼竹使符之系統者。吳仁傑兩漢刊誤補遺卷十論符曰：「仁傑按符契用魚，唐制也。唐律，捕得鯉者一放之，賣者杖六十。韋述（唐人）記上陽宮得古銅器，爲雙魚狀，時以爲李氏再興之符。蓋以鯉李音，爲國氏也。武德銅魚符，實用隋京官佩魚之制，豈亦以是爲李氏之祥歟？舊唐史載上元中令五品以上佩等袋紛帨爲魚形，結帛作之像鯉之意是也。武后改國號周，乃改所佩魚，並作龜，此與忌卯金而令勿佩剛卯事正相類。至中宗復位之歲，內外官復佩魚。然則唐制魚符爲李氏設耳，後世何取焉。」云云。然隋無佩魚之制，魚符實始於唐，因李鯉同音而罷虎用魚，其說未必妄也。況武后改國號時，又改魚爲龜耶！唐之魚符龜符，收於符牌圖錄者頗多，足爲旁證。

右五種外，唐代仍有交魚符，巡魚符，開門符出入宮城之門之用。又有月魚，爲給蕃國之用。給蕃國者，雌雄各十二，刻有國名。雄者進內，雌者付於其國。朝貢使者，必齎相當於其月之雌符，此所以有月魚之名也。以上見車服志。又有稱爲過所者，爲出入關門之用。舊唐書卷四三職官志刑部司門郎中條曰：「凡關二十有六，爲上中下之差。……關所以限中外，隔華夷，設險作固，閑邪正禁者也。……凡度關，先經本部本司，請過所在京則省給之，在外則州給之，而雖非所部，有來文者，所在亦給。」又有稱紙劵者，徵發驛馬時代傳符之用。文獻通考卷五二職官考兵部駕部郎中條之註，所謂「開元十八年閏六月勅，比來給傳使人，爲先傳馬事頗勞煩，自今以後，應乘傳者，宜給紙劵」者是也。唐六典曰：「凡乘驛者，在京於門下給劵，在外於留守及諸軍州給劵。」青箱雜記曰：「唐以前發驛，幷給傳往來，開元中務從簡便，方給驛劵，驛之給劵自此始也」。册府元龜曰：「德宗貞元八年閏十二月門下省奏，郵驛條式應給紙劵，除門下外，諸使諸州不得給，往還劵至所詣州府納之，別給劵俾還。其常參官在外除授及假寧往來，並給劵從之」。皆不外此。（古今圖書集成卷二五八）

以上爲自漢至唐符契之制。而收掌之官衙，則未曾言及。幸杜佑通典所記，簡而得要。茲錄之於左：

符寶郎，周官有典瑞掌節二官。掌瑞節之事。秦漢有符節令，丞，領符璽郎。後漢有符節令，兩梁冠位次御史中丞，別爲一臺，而符節令一人爲臺率，掌符節之事，屬少府。魏與後漢同。晉太始元年省幷蘭臺，置符節御史，掌其事。宋與晉，齊，蘭臺有主璽令史，以治書侍御史領之。梁陳御史臺，亦有符節令史。後魏御史臺領符節令，符節令符璽郎中。北齊有符節署。餘與後魏同。（符節令一人符璽郎中四人）後周有主璽下士，掌國璽之藏。隋初有符璽局，置監二人，屬門下省。煬帝改監爲郎。

大唐因之。顯慶三年改爲符寶郎。神龍初，復爲符璽郎。開元初復爲符寶郎。其符節並納於宮中，有行從則請之。郎掌諸進符寶出納蟠節也。

五代之制，蓋倣唐制。但周顯德六年詔罷符契，只給制書，見兩漢刊誤補遺。宋制，宋史卷一五四輿服志中設有符券一條，其說極詳。宋初倣唐門下省紙券之制，自樞密院給券。其券當與前代同，亦爲紙券。券又名頭子，有驛券倉券館券之別。宋史卷一七二職官志給券條曰：「文武羣臣奉使於外，藩郡入朝，皆往來備饔餼。……其赴任川陝者給驛券，赴福建廣南者，所過給倉券。入本路給驛券，皆至任則止。車駕巡幸羣臣扈從者，中書樞密三司使（鹽鐵使度支使戶部使）給館券，館官給倉券。」太宗太平興國三年六月廢院券，依唐制以銀牌代之。牌闊二寸半，長六寸，以八分字刻「敕走馬銀牌」五字。上刻二飛鳳，下刻二麒麟，兩邊刻年月，貫以紅絲縧。十年廢之，又用院券。

以上爲關於驛傳之宋代牌信之制。至關於軍事者，有銅兵符，（後之銅虎符）傳信木牌等。皆於仁宗康定元年議決，後爲一代之定制。銅兵符，由其倣唐木魚契鑄造言之，即前代之銅魚符也。符牌圖錄後編，收有宋廣平郡銅魚符。此符給各路總管，每有兵三百人之主將用之。惟陝西五路，每路依漢制，給銅虎符，更以公牒爲照驗。公牒即相當於漢代所謂璽書。所以特限此五路給虎符者，因仁宗之世，西夏侵寇頗甚，因此五路當其衝也。文獻通考卷一一五王禮考圭璧符節璽印條曰：「康定初，製銅符，上篆文曰某處發兵符，下鑄虎豹爲飾，而中分之。右五符留京師，左符付總管鈐轄州軍事，官高者掌之。」即就給陝西五路之虎符而言者也。即康定之銅兵符，有魚符虎符二種。魚符仿唐制，虎符仿漢制。(一) 至高宗建炎三年，改鑄銅虎符，長六寸，闊三寸，其大殆倍於唐之魚符。

(一)輿服志雖曰「漢制銅鑄上刻虎形，」但漢之銅虎符皆像之虎全形，非刻虎形者，編者殆誤解也。又文獻通考卷一一五王禮考亦曰：「康定初製銅符，上篆文曰某處發兵符，下鑄虎豹爲飾，而中分之，右五符留京師，左符付總管鈐轄州軍事，官高者掌之，」云云。此即於虎豹之背部刻篆文者，非於銅製虎豹形上置刻篆文之銅符之謂也。

傳信木牌，以朱漆堅木作之，長六寸，闊三寸，腹背皆刻「某路傳信牌」等字而中分之。貫以皮紐，繫於軍吏之項，往來軍中，以爲傳令及徵發之用。發兵三百人以下，主將用之。(一)

(一)宋史卷一九七兵志，器甲之制條曰：「眞宗咸平六年十月，給軍中傳信牌。其制漆木爲牌，長六寸，闊三寸，腹背刻字而中分之，置鑿柄令可合。又穿二竅，容筆墨，上施紙扎，每臨陣則分而持之，或傳令則署其言，而繫軍吏之頸，至彼合契，乃書復命，因冀州團練使石晉之請也。」此與輿服志所謂「先朝舊制」云云，大同小異，可相參考。

又有檄牌。輿服志曰：「其制有金字牌，青字牌，紅字牌。金字牌者，日行四百里，郵置之最速遞也。凡赦書及軍機要切則用之，由內侍省發遣焉。乾道末樞密院置雌黃青字牌，日行三百五十里，軍期急速則用之。淳熙末，趙汝愚在樞筦，乃作黑漆紅字牌。」此文可與宋沈括夢溪筆談之記事參照。筆談曰「驛傳舊有三等，曰步遞，馬遞，急脚遞。急脚遞最遽，日行四百里，唯軍興則用之。熙寧中又有金字牌急脚遞，如古之羽檄也。以木牌朱漆黃金字，光明眩目，過則如飛電，望之者無不避，日行五百餘里，有軍前機速處分，則自御前發下，三省樞密院莫得與也。」此急脚遞殆相當於彼之金字牌。馬遞當卽青字牌，步遞當卽紅字牌。而仁宗康定元年所定之傳信木牌，當卽神宗熙寧年間改稱金字牌急脚遞者。

宋代又有門符之制。神宗熙寧五年造銅契，高宗紹興二年造號。號者，以繒裹紙版，皇城司掌其出入。詳見輿服志。

今將宋代符牌之制，列表如左：

宋之牌符

- 樞密院券（頭子）
  - 驛券
  - 館券……
    - 自宋初至太宗太平興國三年六月
    - 自太宗端拱二年三月至仁宗康定元年五月
  - 倉券
- 銀牌……自太宗太平興國三年六月至端拱二年三月
- 銅魚符……自仁宗康定元年五月至高宗建炎三年
- 銅虎符……自高宗建炎三年至宋末
- 傳信木牌……朱漆黑字牌？……自仁宗康定元年五月至神宗熙寧中？
- 檄牌
  - 急脚遞——金字牌——朱漆金字牌……神宗熙寧中定
  - 馬遞——青字牌——雌黃青字牌……孝宗乾道末定
  - 步遞——紅字牌——黑漆紅字牌……孝宗淳熙末定
- 銅契……神宗熙寧五年定

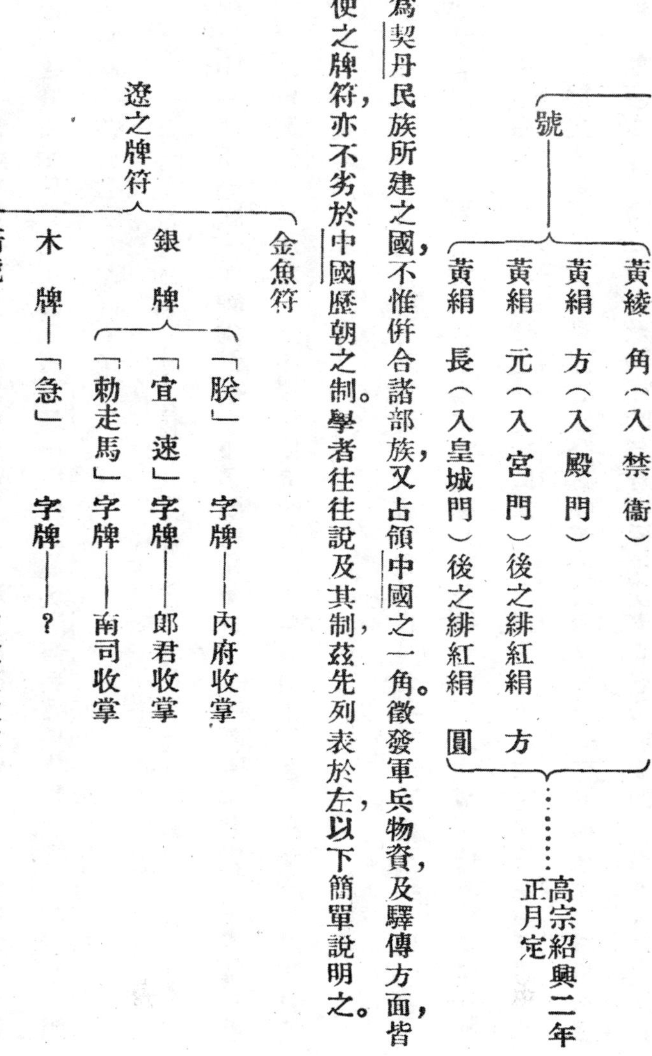

高宗紹興二年正月定……
- 黃綾角（入禁衛）
- 黃絹方（入殿門）
- 黃絹元（入宮門）後之緋紅絹 方
- 黃絹長（入皇城門）後之緋紅絹 圓

號

遼爲契丹民族所建之國，不惟併合諸部族，又占領中國之一角。徵發軍兵物資，及驛傳方面皆利用簡便之牌符，亦不劣於中國歷朝之制。學者往往說及其制，茲先列表於左，以下簡單說明之。

遼之牌符
- 金魚符
- 銀牌
  - 「朕」字牌——內府收掌
  - 「宜速」字牌——郎君收掌
  - 「勅走馬」字牌——南司收掌
- 木牌——「急」字牌——？
- 箭號——宣徽使收掌

金魚符凡七枚，造以黃金，各有字號。每魚符分左右二片，左片豫授守將，使者執右片，大小長短字號，若皆一致，守將始兵發。(一)惟徵集契丹兵以外之奚兵渤海兵漢兵時用之。詳見遼史卷三四兵衞志兵制條及卷五七儀衞志符契條。

銀牌之中，有所謂「朕」字牌，爲鍍金之銀製圓牌。用契丹字刻「朕」字，其數十三，內侍左承宣保管之，惟徵集契丹兵時用之。契丹主授於傳令使，傳令使帶於項下，傳達其命令於守將，詳見遼史拾遺卷一五所收之燕北錄。

「宜速」牌及「勑走馬」牌，牌亦爲鍍金之長方形銀牌，以契丹字刻「宜速」二字，或「敕走馬」三字，共有二百面（內七十二面殆爲敕走馬牌）徵發物資時，契丹主親授使者，使者帶於腰間左邊，乘馬而赴各地。詳見遼史儀衞志，松漠紀聞，及遼史拾遺卷一五所收之使遼錄，燕北錄等。

木牌爲木製之牌，長一尺二寸，表面有鍍金之銀葉，刻契丹文「急」字。其數凡十二，限於徵發女眞韃靼（卽蒙古）二國之兵馬及物資時，契丹主授於使者，使者帶於腰間左邊，乘馬赴之。詳見

(一)遼史卷三四兵志兵制條曰：「雖奉詔，未發兵，必以聞上遣大將持金契符合，然後行」，是卽說明用符之法者

燕北錄。

茲再就箭號述之。契丹舊俗，傳達徵集兵員之命令時用箭。遼史拾遺卷三所收之江南野史曰：「或傳徵兵，率以箭號，每一部落傳箭一雙。」同書卷一三所收之儒林公議曰：「契丹每興兵擾塞，則傳一矢爲信，諸國皆震懼奔會，無後期者。」遼史地理志永州條，記移白衣觀音像於木葉山建廟之事。其下云「春秋告賽，尊爲家神，興軍必告之，乃合符傳箭於諸部。」所謂合符傳箭，爲一事乎？二事乎？不詳。若爲二事，則爲暗示用木契者。遼史儀衛志曰：「自大賀氏八部，用兵則合契而動，不過刻木爲牌合。太祖受命，易以金魚。」可爲其證。若爲一事，則傳箭卽合符，卽合箭而爲憑驗也。未知孰是。但傳箭以動兵，爲契丹之古俗，則無庸疑。

然遼史卷五七儀衛志，曾記符契之一之木箭。同書卷五一禮志賓儀條，就勘箭儀亦有記載。據此等記事，則將木箭二分之，內箭爲雄，外箭爲雌。契丹主由外還幸，至內門時，東上閤門使執雄箭立於車左，勘箭官執雌箭，自門內出拜跪而受雄箭，以雌雄兩片勘合。然後鞠躬奏曰：「內外勘同。」此後乃行種種儀節。儀節全畢，授其箭於閤門使，更付宣徽使保管。此卽所謂遼代勘箭之儀。由此言之，無論何人，皆必以爲契丹先有傳箭之古俗，後成爲宮中儀式之一而保存者；然實非是。蓋宋朝儀式中，亦有勘箭之儀故也。宋史卷一五四輿服志符劵條曰：「元豐元年（西曆一〇七八年）詳定禮文所言，舊南郊式車駕出入宣德門，大廟欞星門，朱雀門，南薰門，皆勘箭。熙寧中（西曆一〇六八——一〇七七年）因參知政事王珪議，已罷勘箭，而勘契之式尚存。春秋之義，不敢以所不信加之尊者，且雷動天行，無容疑貳，必使誰何而後過門，不應典禮。考詳事始，不見於開寶禮。咸平中（西曆九九八——一〇〇三年）初載於儀注。蓋當時禮官之失，請自今車駕出入，罷勘契，從之。」可見宋太祖時所成之開寶通禮，無勘箭勘契之事。眞宗咸平中，始作爲通禮之儀注，而加入南郊禮中。惟勘箭勘契之儀式，決不可認爲創始於載錄此儀注時，寧認爲以前卽有此儀式或慣習爲妥。果然，則勘箭之儀，原爲中國固有之禮。遼有此禮，可認爲與其他諸禮同自中國傳入者。遼之傳箭而下令徵兵之古俗，與勘箭之儀，不可認爲有直接關係。且傳箭之俗，不僅於遼（卽契丹）之遊牧時代見之；其他民族，當文化幼稺時代，亦往往有同一習慣。例如舊唐書卷一九六上吐蕃傳曰：「其舉兵以七寸金箭爲契，百里一驛，有急兵，驛人臆前加銀鶻，甚急，鶻益多。告寇舉烽。」可知吐蕃古俗，亦以金箭爲舉兵之符。至用七寸金箭，則爲吐蕃有相當進步以後之事。蓋在吐蕃用金箭，遼宋用木箭以前，必有竹箭之古俗，可以想見。是故傳箭徵兵之俗，不獨契丹有之，吐蕃亦然。至於勘箭之儀式，遼及宋既皆有之；遼若學中國者，則漢族亦必有傳箭之古俗矣。而居此古俗與勘箭儀之間者，則有漢以來之竹使符。考竹使符之起源，蓋在周代之符節，茲姑不論。惟竹使符之用，終於隋代；勘箭之儀，存於遼宋。由此觀之，漢族之古俗，在周漢爲竹使符；及隋唐之際，竹使符廢而勘箭之儀起；此實大有興味之問題。至於周到之研究，倘擬期諸後日。今姑述鄙見，以乞大方之指教。

金代乃滿洲女眞民族所建之國也。統合興安嶺陰山以東之北族，並占有中國之北半。其在用兵交通之目的上，利用牌符，不讓遼代。其制詳見金史卷五八百官志符印條。今根據其記事，更參以其他文獻，示其梗概如左表：

金牌—萬戶……太祖收國二年九月始制
銀牌—猛安……太宗天會元年以前始制
（以上）熙宗皇統五年三月更制
木牌—謀克……蒲輦……太祖時始制

- 金之牌符
  - 木牌（世宗大定二十九年始制）
    - 朱漆金字牌（勅遞用之）
    - 綠油紅字牌（省遞用之）
  - 金符（宣宗貞祐三年始制）
    - 虎符——統軍司
    - 鹿符——樞密院
    - 魚符——宣撫司

金初，有金牌銀牌木牌三種。萬戶授金牌，猛安（千戶）授銀牌，謀克（百戶）及蒲輦（五十戶）授木牌。乃太祖太宗之際所制者。熙宗之世更造金銀牌，但其制不詳。宋之賀金國生長使張子政等北轅錄（宋周煇撰）曾云『接伴戎服陪立各帶銀牌樣如方響上有蕃書「急速走遞」四字上有御押，其狀如主字。虜法出使皆帶牌，有金銀木之別。』如是，則與遼之金銀牌大同小異。大定二十九年作木牌二種。一爲綠油之地，以紅字書尙書省三字。一爲朱漆之地，以金字書勅字。前者用於省遞，後者用於勅遞，皆尙書收掌之。別有書「合遞」二字之木牌，尙書省頒於各部，用於驛傳事。御史臺，又有書「奉聖旨」三字之木牌。章宗紀所謂「大定二十九年十一月己巳初制遞文字法」

者是也，熙宗時，只言更造金銀牌，而未言更造木牌；蓋爾後謀克等亦給銀牌，一時不用木牌矣。

寧宗承安元年二月，斟酌漢唐典故而製虎符。左半留於御前，侍臣掌之。右半交付地方統軍司招討司之長官發兵徵兵及召易長官貳官時，尚書省奏請之。近侍局以左符第一號封於囊中，付於主奏者。主奏者此符與聖旨同納一函，加蓋尚書省封印，命專使帶牌急送於前方。前方主符者，解其封，與右符勘合，然後奉行。主符者，復封左符於囊，加蓋職印，更與發兵等報告書同封，而蓋官廳之印，即日付還使者，進於尚書省。尚書省啟其封，交還御前近侍掌符者。金史百官志述出納牌符之手續甚詳。虎符蓋即金虎符（一）也。

（一）金史卷一七哀宗紀，正大元年三月條，賞完顏合達之功，授以金虎符。

貞祐三年七月，改定尚書省所造諸符，樞密院用鹿符，宣撫司用魚符，統軍司用虎符。鹿符魚符之制不詳，蓋與虎符同爲金製。符牌圖錄收有刻女眞字之魚符，大體與唐之傳佩魚符相似。

先是章宗泰和六年六月，始置急遞鋪，以作戰時及河防急時，轉送文牒之用。使者繫鈴於腰，日行三百里。然竟濫用之。同年十二月，從陝西宣撫使徒單鎰之議，置提控急遞鋪官，同時分中國爲六

區，以監督之。此後郵遞，始無遲滯之患。（金史卷九九單鎰傳）

第二章　元朝之牌符

元朝者，在世界史上有極大無比之版圖者也。其所以建此偉業者，雖因太祖之天才，與將士之勇武，而耶律楚材等文臣所創設或採用之諸般制度，所奏之功亦不小。余前年發表之蒙古會議制度，禁軍制度之研究，當已得大方承認。而蒙古驛傳之制度，尤爲泰西學者所注意，或竟認爲蒙古與隆之主因。余固非雷同於彼等之說者，且覺對於驛傳之制，視爲如是重大，殊屬不當。但因屢次遠征，而逐漸發達之驛傳制度，因建設大帝國，對於交通貿易之進步上，貢獻甚大，固無疑也。至統治中國全土後，其意義益見擴大。此余所以有元朝驛傳之研究，又所以作元朝牌符考也。

太祖之時，已有金虎符，金符，銀符三種。金虎符，自太祖七年，賜鎮海爲闍里必始。同年賜劉伯林，十年賜移剌揑兒，史天倪，耶律留哥。十二年，賜王珣。十四年，賜董俊。十八年賜史天祥。金符於九年賜唵木海，史天倪。十一年賜史天祥。十二年賜肖乃台。十六年賜石佐中。銀符，於八年賜史天祥。皆載在元史。其他雖年次不明，但僅太祖所賜者，元史所見，尚可得十八以上。由此觀之，可知太祖時盛行利用矣。故宋子貞中書令耶律公（楚材）神道碑曰：「始諸王貴戚，皆得自起驛馬。而使臣猥多，馬悉倒乏，則豪奪民馬以乘之。城郭道路，所至騷動。及其到館，則要索百端。供饋稍緩，輒被箠撻。館人不能堪。公奏給牌劄，仍定飲食分例，其弊始革。」此事繫於太宗九年，似出給牌劄之制，自此年始者。其實不然。實爲驛傳不堪濫用，而整理牌劄之年。元史耶律楚材傳曰：「布遞傳，明驛券」，可謂簡而得要。由前後事實考之，可知太祖時已有驛傳之制。又與太祖同時之宋孟珙所作之蒙韃備錄曰：「彼奉使曰宣差，自皇帝或國王處來者，所過州縣及管兵頭目處，悉來尊敬，不問官之高卑。……凡見馬則換易，並一行人從，悉可換馬，謂之乘舖馬，亦古乘傳之意。……其性淳樸，有太古風。可恨金虜叛亡之臣教之。今乃鑿混沌，破彼天眞，教以奸計，爲可惡也。」此乃暗示出於耶律楚材等之計畫者。又長春眞人西遊記，亦有關於驛傳設備之記載，故不必採用 Rashid-uddin 與 Alai-uddin 之記事，亦可知其大略也。但元史太宗紀二年條曰：「始置倉廩，立驛傳。」祕史亦於太宗即位之後，始記曰：「又我等之走使，使依國民而走。走使行程遲，國民亦苦。今我等全定，則由處處之千戶千戶，出札木臣，兀刺阿臣；坐坐置站使者無要事，不倚國民，依站而走可也。」經世大典以太宗元年十一月關於站赤之聖旨起筆，亦誤解太祖之世未有驛傳牌劄之制者。玆先就此事一言之。

金虎符金符銀符等爲元史中常用之字。但元初之著述則不必皆用此字。卽如蒙韃備錄云：

所佩金牌第一等貴臣帶兩虎相向，曰虎鬭金牌，用漢字曰，「天賜成吉思皇帝聖旨當便宜行事。」其次素金牌，曰「天賜成吉思皇帝聖旨疾」又其次乃銀牌，文與前同。

徐霆黑韃事略疏證云：

韃人止有虎頭金牌，平金牌，平銀牌。或有勞，自出金銀，請於韃主，許其自打牌，上鐫回回字，亦不出於「長生天底氣力」等語爾。

西遊記云：

成吉思皇帝遣侍臣劉仲祿，縣虎頭金牌，其文曰「如朕親行便宜行事。」

卽金虎符，一名虎鬭金牌，又作虎頭金牌。備錄云：「兩虎相向，」則於金製版狀牌面上，刻兩虎頭相向之形者，當卽所謂虎鬭金牌。而羅振玉氏歷代符牌圖錄所收之元國書牌拓本兩面，皆刻單虎頭於上部，其下刻八思巴文字，殆卽虎頭金牌也。然元史卷九八兵志曰：「萬戶佩金虎符，符趺爲伏虎形，首爲明珠，而有三珠二珠一珠之別。」趺卽「蹲首龜趺」之趺，言符座作伏虎之形，如以前代虎符之全形爲趺之金牌也。果然，則雖同稱虎符，而其形狀不一。因而其大小，亦必非一定。以羅氏所藏之國書牌，與俄國 Dnieper 河畔出土之國書牌比較，前者爲上圓下方之長牌，刻一正面虎頭。後者上下同作圓形之長牌，有虎頭之紋。(一)

(一)備錄既云「兩虎相向」，又云「虎鬭金牌」；假令只刻虎之頭部，則亦如現今之虎牌，而爲單虎頭牌以外之虎牌無疑。元史卷一三五塔出傳，謂至元十四年加賜塔出雙虎符，殆遺脫雙珠虎符之珠字者。因元史中常有一珠虎符二珠虎符三珠虎符之名。此蓋以雙珠虎符之名，代二珠虎符者歟？若不然，則此亦虎鬭金牌之一種。又卷一六二李庭傳，李庭於至元十三年北征，世祖特賜大虎符。據世祖紀至元三十一年三月曾更定虎符，則在此前後，虎符之制互有異同，自明。

又馬哥孛羅一行歸本國時，向波斯伊兒汗廷，致其使命以後，記辭行之事如左：

"And before their departure, Kiacatu (i.e. Khaikhatu, Il-Khan) gave them four golden tablets of authority, two of which bore gerfalcons, one bore lions, whilst the fourth was plain, and having on them in-scripions which directed that the three Ambassadors should receive honour and service all through the land as if rendered to the Prince in person, and that harses and all provisions, and everything necessary, should be supplied to them"—(Yule and Cordier, M. P. 1, 35.) 所謂鷹牌者，當即後文之海青牌。所謂獅子牌者，又稱獅頭牌。(a tablet of gold, with a lion's head)當時波斯史家，又稱爲 Paizah Sir-isbor (Lion's Head paizah) (M. P. 1. 350; 352 note) 當爲牌面刻獅子形者。但馬哥孛羅亦稱中國之虎頭牌，爲獅頭牌，其間不認有差別；或者誤認虎爲獅歟？又 Yule 氏嘗就波斯伊兒汗朝廷之牌符，有精博之考證。

茲有應注意者，元代所謂金虎符，名雖爲符，實不似前代所謂虎符，有剖半而可勘合之性質；而爲單獨使用之物。故元史中終始一貫所謂金虎符或虎符，實可稱爲金虎牌也。(一) 元史卷九一百官志，規定萬戶府千戶府百戶所之長官所當佩者之條，將虎符金牌銀牌分別書之，似乎符牌之間，名既異其實亦不同者，實決不然，而爲皆可稱爲牌者也。經世大典曰「牌面文字」曰「海青牌」

而絕不稱符，實正當之見解也。

(一)元史中雖非絕無牌印，牌面，牌劄，圓牌，金銀牌等字樣，但極少。

金符銀符，一名金銀牌，其形狀與大小，略與金虎符相似。但牌面只雕刻文字，而無何等圖樣，爲其異點。故亦稱素金牌，平金牌，平銀牌也。金符似有二種，一金製，一銀符鍍金者。但 Yule 氏介紹於學界之 Dnieper 河畔出土之銀符，只文字上鍍金耳。

牌面之文字，有漢字，畏兀兒字，八思巴字三種。用漢字者，金虎符刻「天賜成吉思皇帝聖旨當便宜行事」（備錄）或「如朕親行便宜行事」（西遊記）等字。金符及銀符，刻「天賜成吉思皇帝聖旨疾」（備錄）等字。用畏兀兒字，八思巴字者，爲蒙古語，意與前文無大差。Dnieper 河畔出土之銀牌，刻八思巴字蒙古文。Schmidt 氏譯文如左：

"By the strength of the eternal heaven! May the name of Khagan be holy! Who pays him not reverence is to be slain, and must be die"

黑韃事略云：「上鐫回回（畏兀兒）字，亦不出於長生天底氣力等語爾。」據元史世祖紀，製八思巴字，以爲國書，頒行天下，事在至元六年二月。而將牌面上從來之畏兀兒字改爲八思巴字者，則在十五年七月以降。又云「至元十八年冬十月己亥，議封安南王號，易所賜安南國畏吾字虎符，以國字書之。」牌面文字，雖漸次改易，而畏兀兒字牌，是否完全不用，則不詳。但由元代中世以後，八思巴字，民間漸不行一事觀之，畏兀兒字牌，殆不久又廢用矣。

牌符之佩用法，據元史世祖紀至元十四年條云：「三月命中外軍民官，所佩金銀符，以色組繫於肩腋，庶無褻瀆，具爲令。」按唐之銀牌，以韋帶貫上部之竅佩之；宋之銀牌，以紅絲絛貫而佩之；元代亦相似也。但元代在此種規定以前，如何佩用，其法難詳。

元世祖即位後未幾，Polo 兄弟 (Nicolo, Maffeo) 來至蒙古。受世祖命，使於羅馬法王之廷，授彼等以金牌。同行之 Nicolo 之子馬哥孛羅 (Morco Polo) 記其事云：

When the Prince had charged them with all his commission, he caused to be given them a Tablet of Gold, on which was inscribed that the three Ambassadors should be supplied with everything needful in all the countries through which they should **pass—with horses, with** escorts, and, in short, with whatever they should require.—Yule, Marco Polo; New edition, 1, 15.

觀此可知金牌之用之一斑。其後，二人復與馬哥來中國，居十七年，頗受元室之寵遇。後赴波斯汗廷，畢其使命而歸國。一二九二年之初，由泉州（？）開船，世祖又賜以二面金牌。馬哥孛羅記其事如左：

And when the Prince saw that the Two Brothers and Messer Marco were ready to set forth, he called them all three to his presence, and gave them two golden Tablets of Authority, which should secure them liberty of passage through all his dominions, and by means of which, wherever they should go, all their company, and whatever they might choose to order.—M. P. 1. 34

據以上所述，迎長春眞人之劉仲祿，及奉使於法王與伊兒汗之孛羅等，所授之牌符，皆附與以某種特權，表示其爲皇帝之使者。但其特權，亦無非徵發驛馬護兵食物芻料及其他旅行必需之一切物資，保證驛傳方面之自由耳。此等牌符，亦非限於使臣始給與者。馬哥孛羅亦曰：

The officer who is a captain of 100 hath a tablet of silver; the captain of 1000 hath a tablet of gold or silver-gilt; the captain of 10,000 hath a tablet of gold, with a lion's head on it.—M. P., 1, 350

此與元史卷九一百官志諸路萬戶府條之記事相符。（據元典章卷九吏部軍官條，此爲至元二十一年之定制。）玆錄之於左：

上萬戶府，管軍七千之上。達魯花赤一員，萬戶一員，俱正三品，虎符。副萬戶一員，從三品，虎符。

中萬戶府，管軍五千之上。達魯花赤一員，萬戶一員，俱從三品，虎符。副萬戶一員，正四品，金牌。

下萬戶府，管軍三千之上。達魯花赤一員，萬戶一員，俱從三品，虎符。副萬戶一員，從四品，金牌。

上千戶所，管軍七百之上。達魯花赤一員，千戶一員，俱從四品，金牌。副千戶一員，正五品，金牌。

中千戶所，管軍五百之上。達魯花赤一員，千戶一員，俱正五品，金牌。副千戶一員，從五品，金牌。

下千戶所，管軍三百之上。達魯花赤一員，千戶一員，俱從五品，金牌。副千戶一員，正六品，銀牌。

上百戶所，百戶二員，俱從六品，銀牌。
下百戶所，百戶一員，從七品，銀牌。

萬戶千戶百戶等軍官佩符，雖已明瞭。但其他軍官如何？百官志中僅記東宮所屬之衞侯直都指揮使司之達魯花赤及都指揮使佩三珠虎符，副都指揮使佩雙珠虎符。但在牌符性質上不應只授此等官衙之長官。後普查元史，方知重要軍官殆皆與以此種特權。於是編元史者之疏漏，盡情暴露矣。

然牌符亦不必只授於使臣及軍官也；民官亦往往許其佩用。世祖即位以前尤然。元史卷一四九移剌揑兒傳，謂世祖以其從木華黎轉戰於遼東遼西有功，賜詔曰：「自汝效順，戰功日多。今賜汝金虎符。居則理民，有事則將。其勿替朕意。」云云。此決非特例也。世祖之時，牌符之制略定之後，雖限於使臣軍官；仍時有作爲特典而許佩用者。中統四年，趙重喜入覲，賜以金虎符，而爲臨洮府達魯花赤。元史卷一二三趙阿哥潘傳亦云：「時解軍職而轉民官者，例納所佩符。有旨，趙氏世世勤勞，其金符勿拘常例，使終佩之。」然至元八年二月勑曰：「軍官佩金銀符，其民官工匠所佩者並拘入，勿復給。」十四年七月勅曰：「自今非佩符使臣及軍情急速，不聽乘傳。」十六年鐵哥奏曰：「武臣佩符古制也。今長民者亦佩符，請省之以彰武職。」許之。由此觀之，似民官佩符之特典極易附與；又此禁令之厲行，亦似非常困難。順帝至元元年四月詔曰：「諸官非節制軍馬者，不佩金虎符。」可知通元朝一代民官佩符者甚廣。但世祖紀至元十五年八月條云：「中書省臣言，近有旨追諸路管民官所授金虎符，其江南路臣宜仍所授，從之。」可知在十六年鐵哥奏請拘收之前，江南諸路之民官，亦許佩用也。又地方最高官銜行中書省，因統轄軍民重事，其長官二員，亦有佩金虎符之例。又雲南行省，情形與他省不同，仁宗皇慶元年，特許全體省官佩符。(一)

(一)元史卷九八兵志兵制條，及卷一〇二刑法志職制條。

民官佩符實異例也。常例惟出使大官及軍官佩之。使臣事畢，即解之，納於本司。經世大典站赤敍語，所謂「事畢則以符信歸諸所受之府，不敢三日稽也」者是也。宣撫使宣慰使經略使安撫使等，兼理軍民之官，皆同解職即還符。但萬戶千戶等世襲軍官，其牌符似亦世襲。其有故尚未襲職時，仍立即納還。成宗紀元貞二年二月條，「詔奉使及軍官歿，而子弟未襲職者，其所佩金銀符，歸於官，違者罪之，」云云，非此時始有此規定者，此時不過重申前令耳。

如上所述，佩符者之資格，原有定制。但殊恩特例頗多，使臣解任之後，與軍官解職之後不卽納還佩符者亦不少。故整理牌符之勅，常見於元史。但其弊仍不能全革。除僞造者外，官吏中有擅給家奴使往來作商賈，(二)遂致回回商人有佩虎符乘傳者。元史卷二二武宗紀至大元年閏十一月條云：「中書省臣言，回回商人持璽書，佩虎符，乘驛馬，名求珍異，既而以一豹上獻，復邀回賜，似此甚衆。臣等議，虎符國之信器，驛馬使臣所需，今以畀諸商人，誠非所宜，乞一概追之，制可。」云云，卽其一例也。但此種濫用最甚者，亦不常見。蓋武宗政治極其放任，內外紀綱大弛，宮中近侍，專恣無極，牌符濫用之弊，實不外彼等之罪惡。武宗紀大德十一年十二月條記曰：

中書省臣言，舊制金虎符及金銀符，典瑞院掌之，給則由中書，事已則復歸典瑞院，今出入多不由中書，下至商人結托近侍，奏請以致泛濫，出而無歸，臣等請覈之。自後除官及奉使應給者，非由中書省勿給，從之。

觀此則知牌符濫用之源，亦不僅在宮中；軍官及使臣，通用作弊者亦不少。至元朝中世以後，因近侍之腐敗，彼等罪惡爲最大，則不難推測也。

（一）元史卷一一世祖紀，至元十八年閏八月條云：「又以官員所佩符，擅與家奴往來貿易等事伏誅。」卷一〇五刑法志禁令條云：「諸內外應佩符職官，輒以符付其傔從佩服者禁之。」

前引武宗紀有牌符出納之規定，今就此稍說明之。按發給牌符，爲中書省職掌，前文已有明證。又世祖中統二年九月條云：「以海青銀符二，金符十，給中書省，量軍國事情緩急，付乘驛者佩之。」可知始制本由皇帝交下中書省，由中書省給使臣或軍官也。又據百官志，自中統元年始置符寶郎。符寶郎，殆當時中書省禮部之屬僚，掌管寶璽金銀符牌者。至元十六年設符寶局，十八年正月，改爲典瑞監；其長官品秩至正三品之大。當此前後，並設有牌符局，屬工部尚書，掌製造牌符，於是制度大備。二十一年又改定虎符。典瑞監受中書省之指命，發給牌符，並收受納還之符而保管之。

元代通用之牌符，以上述之金虎符金符銀符爲主。此外仍有海青牌圓牌等，亦甚重要。試順次略說於下。

海青牌，蓋海東青牌之略稱。海東青爲東滿州地方所產之名鷹，全名曰海東青鶻。性鷙悍而飛行最速。辭源海青輾條，引農政全書曰：「海青輾農具，以石爲輥軸，軋轢穀粒者。築平圓形之臺，輥軸壓於臺面繞中心之柱旋轉，或用人力或用牲畜之力因其盤旋疾速，故曰海青，謂如鷙鳥之海東青也。」海青牌限有軍國急事時，交乘驛者佩之，故有此名。(二) 經世大典云：「世祖皇帝中統元年五月奉聖旨於望雲立一站。又於榆林望雲之間酌中處立一站。五月二十一日，中書省官忽都不花奉旨，搢山望雲速取經道，立海青站者。……是月奉聖旨今後使臣官員除軍情急速公事有海青牌者，入望雲站亢截前來。其餘使臣仰榆林站官楊孛欒解詢問，如無速公事海青牌者，不得縱令縱由望雲，止令入大站，如違治罪。」元史卷四世祖紀中統元年條云：「五月立望雲驛，非軍事毋得輒入。」望雲卽今獨石口南之雲州堡也。所以稱當時新置之望雲驛爲海青站者，蓋非佩用海青符者不許乘驛故也。徵於前引數條記事，則海青符（又稱海青牌）非緊急軍情不能用，更無可疑。又據元史世祖紀「中統二年八月，諭武衛軍都指揮使李伯佑，汰本軍疲老者，選精銳代之，給海青銀符一，有奏馳驛以聞。……九月，以海青銀符二金符十，給中書省量軍國事情緩急，付乘驛者佩之。……至元七年七月乙卯，賜諸王拜答寒印及海青金符二。」云云，則知海青符有金銀二種。但其間有何種差異，則不明。或者金符爲給諸王者，銀符爲諸王以外之人佩用者歟？（二）至元八年二月，規定海青符用太祖皇帝御璽。至其形狀大小仍不得而知。及觀世祖紀十四年九月，製鑌鐵海青圓符，則知海青符於金銀二種外，仍有鐵製者。且知一切海青符自始皆作圓形。經世大典中統三年四月，給開平路達魯花赤管民官並榆林管站官之聖旨有云：「若有軍情急速公事，海青使臣經直望雲鵰窩路上徑行。……凡有急務遣使赴朝乞給降海青圓牌，鋪馬劄子。」即其證也。其所以稱海青符者，殆於牌符之面，刻有海東青之圖形，與金虎符之刻虎形者相同歟？但確否則未得明證。

（一）唐書卷二一六吐蕃傳云：「其舉兵以七寸金箭爲契，百里一驛，有急兵驛人臆前加銀鶻，甚急鶻益多。」其意義亦同。

（二）至元十六年，賜高麗忠烈王之海青符，殆金符也。

元史本紀，至元十八年十月，有給隆興行省以海青符事，是爲關於海青符之最後記事。至二十三年七月，有以圓符給金齒國使臣之記事，此後遂屢見圓符之名，而海青符之名，遂絕無所見。元史卷一〇一兵志站赤條曰：「遇軍事之急，則又以金字圓符爲信，銀字次之。」又曰：「至元二十三年四月，福建東京兩行省各給圓牌二面，與魯赤出使交阯，先給圓牌二面，今再增二面。於脫歡太子位下，給南京行省起馬三十匹，給圓牌二面又曰「仁宗皇慶二年六月，中書省臣言，典瑞監掌金字圓牌，及鋪馬聖旨三百餘道。至大四年凡聖旨皆納之於翰林院。以金字圓牌不敷，增置五十面。蓋圓牌遣使，初爲軍情大事而設，不宜濫給。自今求給牌面，不經中書省樞密院者，宜勿與從之」云云，而未嘗言及海青牌。按海青牌，至晚爲中統以來所通用，（一）而此處未嘗言及，只言至元二十三年以來之圓牌。則編元史者之疏漏，亦可驚矣。按此站赤篇，似專省略經世大典之文而成。蓋起稿時，對於海青牌三字，不甚明瞭，乃將有此牌名之部分，避而不錄。惟見敍語中有金字圓符銀字圓符，遂誤解（或曲解）爲專與站赤有關係之牌符歟？又刑法志（元史卷一〇三）云：「諸朝廷軍情大事，奉旨遣使者，佩以金字圓符給驛。其餘小事，止用御寶聖旨。諸王公主駙馬，亦爲軍情急務遣使者，佩以銀字圓符給驛。其餘止用御寶聖旨。若濫給者，從臺憲官糾察之。」云云。此文對於金銀二符之用法，區別雖詳，但又未曾言及海青符。又按元史本紀，在至元十八年以前，專記海青符通用事。二十三年以後，則專記圓符通用事。其中或有一種原因乎？按海青符圓符，既同用於軍情急速之公事。海靑牌，自中統以來，爲海青圓牌之別稱，已如前述。則後之圓牌，不可不解爲海青圓牌之略稱。然後之所謂圓符，由金字圓符銀字圓符之名稱考之，則牌面文字爲鍍金或鍍銀者無疑。惟其質地，全不可知。然由宋之檄牌之制考之，恐係木牌。至於海青符，明由金銀鐵三種質地而成，故其名稱亦各異。但文字上鍍金，抑銀鍍，則不明耳。要之所謂圓符，殆依牌面文字所鍍之金屬種類而異其名。所謂海青符，則依作牌金屬之如何，而有上下之別者。果然，則經世大典站赤篇之敍語，將元代站赤用之符信，皆稱爲金字圓符銀字圓符者，不可謂不誤也。然則符信之改制，又在何時乎？蓋在至元二十一年三月。世祖紀雖云「三月壬戌更定虎符，」但當時更定者必不僅虎符。蓋金符銀符，亦有改易。同時海青符，當亦有新製。

(一)元史卷一一八特薛禪傳云：「唆兒火都者，亦按陳之子。以從征功在太祖朝，遙授左丞相，爲千戶。仍賜以塗金銀章，及金銀字海青圓符五驛券六。」如是則太祖之世已有海青牌；而金字圓符銀字圓符之制，當亦有之矣。然太祖時之海青牌，通全部元史他無所見。黑韃事略，蒙韃備錄等，亦未會言及，殊屬可怪。惟考吐蕃舊俗，不能保其必無，姑存疑可矣。至於金字銀字之圓牌，擬後段所言理由，蓋係至元二十一年以後之制。

馬哥孛羅對此海青牌亦有所述，足資參考。(Yules and Cordier M. P, 1, 35, 351, 355-6 Note)

據以上所述，金虎符金符銀符三符與海青符圓符二符，用法上之差別，已甚明瞭。茲再約言之如左：

前三符平時使臣乘傳，及軍官（時給民官）乘傳時用之。使臣事畢，當卽納還。世襲軍官，可以世襲佩用。此外高麗安南等藩國君臣，亦有給之以表示優遇之意者。又歸附之蠻夷酋長及部將等，亦有以懷柔籠絡之目的而與之者。

後二符限緊急軍情時用之。給內外使者，賦以乘傳之特權。事畢當卽納還。平時使臣亦同。雖亦有以此表示優遇之意者，但非制定符牌之本旨。

元代牌符之制，大略已盡於此。此外元末權臣伯顏，曾受武宗所賜之蛟龍虎符；文宗所賜之黃金雙龍符；順帝所賜之七寶玉書龍虎金符；但只一異例，今無置論之必要。此外與牌符制相關連之公文書，則有不得不一言者，卽驛劵及鋪馬聖旨是也。

驛劵供乘傳者之用，與牌符同，但爲紙劵耳。佩用者爲比較的下級官吏，因而其標示之特典，比較爲小。(一) 其制定之年代不詳。但前代既已有之，則可認爲自國初以來卽用之者。驛劵亦由中書省發給，劵面有印。初蓋中書省所屬官衙之印，其後專蓋典瑞監之印。但元史世祖紀至元十九年條云：「四月壬子罷江南諸司自給驛劵，」故知此年以前，江南有特例也。諸國公主駙馬之使臣，在成宗大德十一年以前，有用圓符者。自此年十二月以後禁之，只給璽書驛劵。又武宗至大四年五月，查收諸國駙馬及有司所有之驛劵後，規定凡出使時，悉由中書省發給。蓋前此驛劵牌符，皆曾濫用矣。

再就給驛璽書言之。給驛璽書者，書中記明乘傳之意，其上蓋皇帝之璽者也。或略稱曰璽書。又有宣命，宣勅，宣劄，誥命等名。所謂鋪馬聖旨者，亦不外此。元史兵志站赤篇敍語云：「凡站，陸則以馬以牛，或以驢或以車，而水則舟。其給驛傳璽書，謂之鋪馬聖旨。」而其後段，列舉諸事例中，則用鋪馬劄子之名。其爲編者之疎漏乎？抑其名既異，兩者之間果有異點乎？今不能詳。但經世大典中，始終皆云鋪馬劄子。由此觀之，蓋所謂鋪馬聖旨者，以文書之指定出於聖旨，故有此稱。所謂鋪馬劄子者，殆以發給文書者爲中書省，故有此名歟？今姑視爲同一可也。

(一)驛劵，一名驛馬劵。(元史一一八特薛禪傳) 殆專用以徵發驛馬者歟？

馬哥孛羅紀行，謂牌面刻有佩用者之特權細目云云：其實不然。今錄其記事之一，如左：

And I tell you besides that all who hold these tablets likewise receive warrants in writing, declaring all their powers and privileges—Yule, Marco Polo, I, 351.

可知牌符以外，有特權證明狀也。羽田氏引 Armenia 史家，記王弟 Sempad 至憲宗朝廷之事云：

They gave him also a prize of gold, i. e. a tablet whereon the name of God is written by the Great Khan himself; and this constitutes the greatest honour known among the Mongols-Farther, they drew up for him a sort of patent, which the Mongols call Iarlekh. Yule, M. P. 1, 352. note.

Iarlekh 在蒙古語中爲聖旨之意。所謂一種特許狀，即鋪馬聖旨也。經世大典太宗七年九月六日聖旨中，有所謂御寶文字，又略稱曰文字，亦皆鋪馬聖旨也。同書自世祖中統以來，皆稱鋪馬劄子。至元八年正月依中書省議，曾規定舖馬劄子之形式。經世大典記之如左：

正月二十五日中書省議，舖馬劄子初用蒙古字，其各處站赤，未能盡識，仰繪畫馬匹，鑄造小印。於劄子年月日之後，黑印馬匹數目，復以省印覆之，庶無疑惑。因令今後各處取給舖馬，標附文籍，具馬匹數，付譯史房書寫畢，就左右司用墨印印給馬數目省印。印訖，別行附籍發行。墨印左右司封掌。

此所謂蒙古字者，非國字（八思巴字）實畏兀兒字也。以畏兀兒字書寫一切舖馬劄子，爲中統三年三月以後之事。當此以前，並用漢字劄子。所謂省印者，指中書省之印。所謂左右司者，屬中書省之官銜。長官爲郎中。左司有吏禮，知除，戶雜，粮銀，鈔，應辦六房。右司有兵，刑，工三房。但無譯文房。此處所謂譯文房，殆指中書省屬官怯里馬赤（卽譯史）者。明代之馬牌（歷代符牌圖錄後編，有拓本）亦以繪畫示馬匹之數。或卽參考舖馬劄子而製者歟？別行附籍發行六字，意義不詳。原來劄子以外無文籍，文籍以外無劄子。所謂附籍，當爲「附於牌符之文籍」之意。要之給驛璽書，概隨牌符驛劵，同時發給，其中記載佩用符劵者所得徵發驛馬及種種之特權。此皆可認爲元初以來之制。

元之給驛璽書，發源於漢之璽書。而唐之勅書，後周之制書，宋之公牒皆同。金之空名宣勅，又名空宣命者，恐亦此物。其爲獨立通用者亦同。

（一）參看吳仁傑兩漢刊誤補遺卷十符條。

今將元代牌符之制，列表如左：

元之牌符
- 金虎符（長牌）
  - 虎頭金牌
  - 虎鬭金牌（兩虎相向）
  - 獅頭金牌
- 金符（長牌）
- 銀符（長牌）
- 海青符（圓牌）
  - 金符（牌）
  - 銀符（牌）
  - 鐵符（牌）

圓符（圓牌）
- 金字
- 銀字

（木牌？）

驛券（紙券）

第四章　結論

以上所說，頭緒紛繁。今再約言之，以作本篇之結論。周之六節，姑置不論。戰國之世，已有虎符。爾後歷朝所謂符者，皆所謂剖符之符。一半留於內，一半付於外，內外相合，以取信。其法古今無異。但或留右半於內，付左半於外；或全相反，其制不必皆同，是宜注意。漢制留銅虎符之右片於朝廷，班左片於地方官，既如前述。不獨銅虎符如此，竹使符繻符皆然。三國以後之制不詳。南朝梁制，以金虎符及竹使符之左半與諸王，亦遵漢之舊制。直至隋代，殆皆然也。而唐制則云：「藏其左而班其右，以合中內之契焉。」至是始開內左外右之新例。及宋康定元年（西曆一〇四〇年）造銅魚符，始復漢制，右符留內，左符外班。其後銅魚契銅虎符皆然。遼制定於何時不詳；恐自國初以來已然。觀其以金魚符之左片，豫授守將，則亦反唐制而用宋制者也。金承安元年（西曆一一九六年）斟酌漢唐典故，製虎符，左半留於御前，侍臣掌之。右半交付地方統軍司招討司長官。是乃棄漢制而依唐制者也。符之藏班法，屢有變遷，今據上文所述，列表如左：

內右外左……漢——隋，遼，宋，

內左外右……唐，——金，

留於內者，所以尙之也。漢制留右符於內者，蓋漢人尙右之故。唐制留左符於內者，蓋唐人尙左之故也。春秋時代以後，有「吉事尙左凶事尙右」之風。兵者凶事，故漢制兵符尙右，依古俗也。唐代尙右之理由未詳。蓋因符亦不必用於凶事，故改之歟？金代亦然。漢以後歷朝及宋所以尙右者，殆只襲漢制歟？抑有其他理由歟？不詳。惟遼俗尙左，而留右於內，尤不可解，仍待考。

符以金屬或竹造之。竹造之竹使符，至隋而終。金屬所造者，至金代仍行之。但或金或銀或銅不一。竹使符，始終皆用竹箭。後世或以木箭代之，然難確定。但其爲箭形則無疑。金屬之符古來皆象虎形。唐高祖避其祖父之諱，始象兔，繼又象魚。武后篡位時，象龜。遼金皆襲魚符之制。金世則與牌符鹿符併存，是爲異例。

金自建國以來，久用金銀木三種牌，而未用符。寧宗承安元年，始造虎符。宣宗貞佑三年，更造魚符鹿符。或因蒙古之勃興及侵入有關係歟？然不能詳也。元太祖時未嘗用符。其有稱爲符者，實皆牌而非符。所謂金虎符金符銀符三者，皆作上圓下方或上下皆圓之長板狀。海青符圓符二者，皆圓板狀。固非兩分而可勘合者。元史殆皆稱爲符，實不穩當。蒙韃備錄，黑韃事略，西遊記，經世大典等稱之爲牌，可謂名實相稱矣。

(一)野客叢談有論此事者，然不過云漢唐異制耳。(古今圖書集成經濟彙編考工典卷一六三符節部所引)

(二)服部博士支那風俗雜俎第八有倚左與倚右條。(支那研究六二四——五頁)白鳥博士國語與外國語之比較所研究中，有左右條，(史學雜誌第十六編一一三八——五九頁)皆曾研究倚左倚右事。但未及漢以後事耳。

牌制，遠起於漢之木傳信。唐代雖有傳符，固非符而實牌。宋之傳信木牌名雖牌而實符。唐之銀牌，宋之檄牌，皆繼漢木傳信之正系者。元之金字銀字圓牌，若果爲木牌，則繼宋之檄牌者。其他諸牌，皆繼唐之銀牌者。要之元朝無起軍旅易守長及發兵徵兵之符，只有徵發驛馬之牌。是爲元代牌符制度與以前歷代相異之第一要點。金虎金銀三牌，世襲軍官許世襲，是亦始於元者。優遇蕃國君臣，懷柔蠻夷酋長，與以以上三牌之一，比於歷朝牌符之用，亦屬異例。

茲將歷代牌符之系統，列表如左：

周之六節
- 虎節、人節、龍節
  - （金）……虎符（戰國）—銅符虎（漢—隋）
    - 銀兎符（唐）—銅符虎（宋）——金符虎（金）
    - 銅魚符—銅魚虎—金魚符（遼）
      - 金魚符
      - 金鹿符
    - 銅龜符
- 旌節、符節、管節
  - 竹……竹使符……木箭（勘箭用）……木箭（同上）
- 木傳信
  - （傳符）（後魏—唐）
    - （傳信木牌）（宋）
    - 檄牌—木牌（遼）—木牌（金）—圓牌（元）
      - 金字
      - 銀字

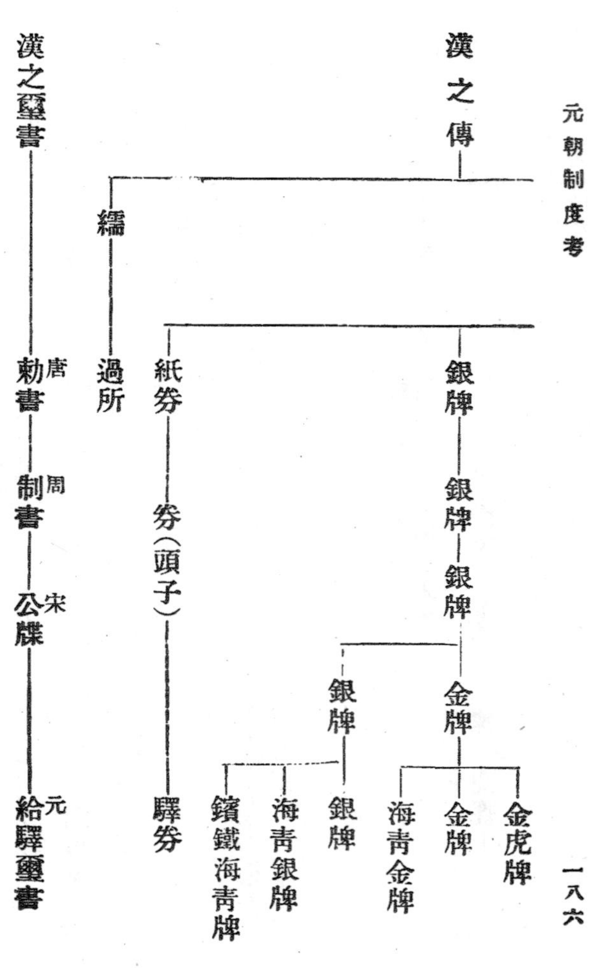
漢之傳
銀牌
銀牌
銀牌
金牌
金虎牌
金牌
海青金牌
銀牌
銀牌
海青銀牌
鑌鐵海青牌
紙劵
劵(頭子)
驛劵
繻
過所
漢之璽書
唐勑書
周制書
宋公牒
元給驛璽書

四

蒙古之詐馬宴與只孫宴

蒙古之詐馬宴與只孫宴

元代詩人，有題爲詐馬宴或詐馬行之詩，乃詠歌天子集合宿衞大臣等官賜宴之盛況者。例如，後至元六年翰林周伯琦扈從順帝至上京。是年六月二十一日，陪觀盛宴，作有詐馬行一篇，讀之可想見其一般。茲錄其全文如左：

華鞍鏤玉連錢驄。彩暈簇轡珠英重。鈎膺障顱鞶鏡叢。星鈴綵校聲瓏瓏。
高冠豔服皆王公。良辰盛會如雲從。明珠絡翠光蘢葱。文繪縷金紆晴虹。
犀毘萬寶腰鞓紅。揚鑣迅策無留蹤。一躍千里眞游龍。渥洼奇種皆避鋒。
譪如飛仙集崆峒。乘鸞跨鳳來曾空。是時閶闔含薰風。上京六月如初冬。
金支滴露冰華濃。水晶殿閣搖瀛蓬。扶桑海色朝曈曈。天子方御龍光宮。
袞衣玉璪回重瞳。臨軒下接天威崇。大宴三日酣羣悰。萬羊臠炙萬甕醲。

九州水陸千官供。曼延角觝呈巧雄。紫衣妙舞衣細蜂。鈞天合奏春融融。
獅獰虎嘯跳豹熊。山呼鼇抃萬姓同。曲欄紅藥翻簾櫳。柳枝飛蕩搖蒼松。
錦花瑤草煙茸茸。龍岡環拱灤水淙。當年定鼎成周隆。宗藩磐石指顧中。
輿王彝典歲一逢。發揚祖德幷宗功。康衢擊壤登時雍。豈獨耀武彰聲容。
願今聖壽齊華嵩。四門大啓達四聰。臣歌天保君彤弓。更圖王會傳無窮。

〔口北三廳志（滿蒙叢書本）卷十四藝文三〕

再觀作者自序，則對於詐馬宴，可略得要領矣。其文如左：

國家之制，乘輿北幸上京，歲以六月吉日，命宿衞大臣及近侍，服所賜只孫珠翠金寶衣冠腰帶，盛飾名馬，清晨自城外，各持綵仗，列隊馳入禁中。於是上盛服，御殿臨觀。乃大張宴爲樂。惟宗王戚里宿衞大臣前列行酒。餘各以所職，敍坐合飲。諸坊奏大樂，陳百戲。如是者凡三日而罷。其佩服日一易。大官用羊二嗷馬三匹，他費稱是。名之曰只孫宴。只孫華言一色衣也。俗呼曰詐馬筵。

據此文，則詐馬宴爲皇帝駐蹕上京時舉行者。此外元人詩中，有貢師泰之上都詐馬大宴五首，上京大宴和樊時中侍御。宋褧之詐馬宴上京作楊允孚之灤京雜詠一百首（口北三廳志卷十五藝文）等。當時因燕京（今之北平）稱大都，故上京對之稱爲上都。其府名曰開平。有時亦稱灤京，因居灤河上流，故有此雅名。至於開宴日期，周伯琦之陪觀爲六月二十一日。然楊允孚灤京雜詠一百首原注云：「每年六月三日詐馬筵席，所以喻其盛事也。」或者六月三日爲定期，二十一日爲異例，亦未可知。又詐馬行序有「六月吉日」四字，或皆擇六月中某吉日舉行之歟？楊允孚之說，或有誤解，亦未可知。出席於此筵席者，所謂「宿衛大臣」，即怯薛大臣所謂 Kesikten 者也。近侍蓋指 Kesikten 以外之近侍皇帝者。出席者之服裝，後段當言及之；要之皆整齊之禮服也。所謂「盛飾名馬，清晨自城外各持綵仗，列隊馳入禁中」者，蓋即此種宴會特異之處。後段亦當詳言之。參與宴會者之席次，與奏樂餘興，與繼續三四日，及每日改易服裝等，似與其他宮中宴會無大差異。周伯琦謂「名之曰只孫宴。只孫華言一色衣也。俗呼詐馬筵」云云，則詐馬筵與只孫宴完全相同，前者只爲後者之俗稱耳。然余則謂係周伯琦之誤解。

只孫亦書爲質孫，蒙古語 Jisun 之譯音也。其意爲色。列席宴會者，著同色之服，故名。其服曰只孫衣，故其宴曰只孫宴。按只孫宴及只孫衣之制頗古，太宗時已有之。元史太宗紀，六年夏五月會諸王百僚諭以條令曰「諸婦人製質孫燕服，不如法者，及妬者，乘以驏牛徇部中論罪，即聚財爲更娶。」又卷一二二昔里鈐部傳云：「明年（太宗十三年）班師，授鈐部千戶，賜只孫爲四時宴服。」即其證也。此外元史有侍宴服侍宴服等，亦即只孫衣只孫服也。只孫（質孫）之制，元史輿服志記曰：

質孫漢言一色服也。內庭大宴則服之。冬夏之服不同，然無定制。凡勳戚大臣近侍，賜則服之。下至於樂工衞士，皆有其服。精粗之制，上下之別，雖不同，總謂之質孫云。

此文之下，列舉天子冬服凡十有一等，夏服凡十有五等。百官只孫冬服凡九等，夏服凡十有四等。並詳述其冠服之制。輟耕錄（卷三〇）云：「只孫宴服者，貴臣見饗於天子，則服之。今所賜絳衣是也。貫大珠以飾其肩背間，膺首服亦如之。」云云可以知其一般。

歐洲人馬哥孛羅，得世祖信任，屢列內庭大宴。有關於只孫宴之具體的記述，最堪注意。馬哥孛羅紀行書，第二篇第十三章，先作大宴之一般的記述。自玉座始以及列席之諸王，及妃，宿衞大臣以下百官之席次；與杯盤之布置；及宿衞大臣斡旋於宴席間之狀況；皆詳細記載。第十四章則縷述皇帝聖誕節大祝宴之狀況。其中有云：

Now, on his birthday, the Great Khan dresses in the best of his robes, all wrought with beaten gold; and full 12,000 Barons and Knights on that day come forth dressed in robes of the same colour, and precisely like those of the Great Khan, except that they are not so costly; but still they are all of the same colour as his, and are also of silk and gold. Every man so clothed his also a girdle of gold; and this as well as the dress is given him by the sovereign. And I will aver that there are some of these suits decked with so many pearls and precious stones that a single suit shall be worth full 10,000 golden bezants. (Yule, Marco Polo; I, P. 374.)

此即所謂只孫宴，已不待言。元詩紀事卷十七柯九思詩云：

萬里名王盡入朝。　法宮置酒奏簫韶。　千官一色真珠襖。　寶帶攢裝穩稱腰。

其原注云：「凡諸侯王及外蕃來朝，必錫宴以見之。國語謂之質孫宴。質孫漢言一色，言其衣服皆一色也。」此與前引之史籍，皆足證明馬哥孛羅所述之正確。其次節又云：

And of such raiment there are several sets. For you must know that the Great Khan, thirteen times in the year, presents to his Barons and knights such suits of raiment as I am speaking of and on each occasion they wear the same colour that he dyes, a different colour being assigned to each festivol (Yule Marco Polo; I. P. 337)

此段記事，他種史籍中，全無所見。次章又詳說云，怯薛丹 (keshicam=keshikten) 一萬二千人，每年各賜十三種禮服，至十三次之多。同時又賜以美麗之金帶與絲鞋云云，雖不免涉於妄誕之疑；但元代怯薛丹，本受朝廷之非常恩寵。天子質孫衣，冬夏既有二十六種；百官質孫衣，亦有二十三種；則馬哥孛羅之記事，亦難謂其必無。余寧據此記事，認為怯薛丹受皇室寵遇之一例。此外尤爾氏之說，(M. P. I. P. 375, note 3) 及拙作元朝怯薛考，皆可供參考。馬哥孛羅之書，更於第十五章記新年宴會之盛況。謂自皇帝始。凡參列者，同著白色之服，又名爲 White feast 則亦明爲只孫宴也。

以上爲世祖朝目覩只孫宴者之記述。又其先，來至定宗朝之 Plano Carpini 與來至憲宗朝之 Rubruch 皆有目覩只孫宴之記事。人皆知之，不必詳述。但此二人所述 kuriltai 之際（卽新帝卽位之際）之只孫宴，至世祖以後，仍行之乎？則不詳。

要之凡宮中有大宴，與宴之大官服同色之禮服，卽所謂只孫衣時，無論爲新年宴會，爲聖誕祝宴，或新帝卽位之大宴，均稱只孫宴。

然則詐馬宴又爲何等筵宴乎？余或有疏漏失檢，亦未可知。但余以爲元明人著述中，記載此事者極少。至清朝，乃有記蒙古之舊俗者。

清康熙帝晚年，於今之熱河道西部，近於英金河源之蒙古諸部落間，劃出一區，爲皇帝親行圍獵之處，蓋寓居治不忘亂之意者。至乾隆六年，復興此制。以後隔年以秋八月舉行。十六年以後，每年舉行。成爲一代定例。圍獵既終，蒙古諸王公進宴，舉行種種蒙古風之餘興。皇帝有御製之詩。百官亦皆作詩獻壽。其圍場名「木蘭」（滿洲語稱哨鹿曰 Muran 故名），圍獵名曰「秋獮之典」。詳見熱河志（卷四五以下）圍場條。同書（卷四八）圍場四條，詳記蒙古王公進宴事。其次有乾隆御製塞宴四事之詩。所謂塞宴四事者，卽詐馬，什榜，布庫，騎額爾敏達駻是也。什榜者，蒙古之樂名。進酒於天子時，在御前且奏且歌。布庫者，滿洲語有「強」「勇士」等意，爲 buku 之對音；實卽相撲也。騎額爾敏達駻者，滿洲語「騎未馴之駒」（elmin dahan）之意。熱河志譯爲「騎生駒」，又譯爲「教駣」。然則詐馬宴如何解釋乎？玆錄乾隆帝詐馬詩之序如下：

詐馬爲蒙古舊俗，今漢語俗所謂跑等者也。然元人所云詐馬，實咱馬之誤。蒙古語謂掌食之人爲咱馬。蓋呈馬戲之後，則治筵以賜食耳。所云只孫，乃馬之毛色。卽今蒙古語所謂積蘇者，是亦屬魚魯。玆扎薩克於進宴時，擇名馬數百，列二十里外。結束鬃尾，去羈韆，馳用幼童，皆取其輕捷致遠。以鎗聲爲節，遞施傳響，則衆騎齊騁。驫駴山谷，騰躍爭先，不踰晷刻而達。掄其先至者三十六騎，優賚有差。所以柔遠人，講武事也。

塞宴四事，既皆爲蒙古人之餘興，則詐馬自然爲蒙古之舊俗。帝之所言，殆得其正。果爾，則與元人所謂詐馬，當屬同一。詐馬之語義，乾隆帝解爲漢人俗語所謂跑等。跑等，殆一齊舉步之意。帝又謂元人用詐馬二字實誤，當作咱馬。咱馬有掌食之人之意。然曰「跑等」曰「掌食之人」，實爲競技之名，似乎有名實不符之嫌。據此詩序所謂詐馬者，卽幼童之競馬也。而曰擇名馬，曰講武事，則詐馬乃與馬有關係之語，又爲與武事有關係之語。前引之周伯琦詐馬行序，謂「盛飾名馬」，謂「列隊馳入禁中。」明初葉子奇之草木子（卷三）雜制篇亦云：「北方有詐馬筵席，最其筵之盛也。諸王公貴戚子弟，競以衣馬華侈相高也，」云云，亦與此相符。但余尙未發見詐馬對音之適當蒙古語。仍乞方家指教。

如前所述，只孫宴爲服只孫衣以參列之宴會。凡新年宴會，及聖誕祝宴，又定宗憲宗卽位時之祝宴，皆可謂之只孫宴。而參與詐馬宴之宿衞大臣亦服只孫衣云云，旣明見於周伯琦詩序，則同稱爲只孫宴，原屬無妨。至謂詐馬宴爲只孫宴之俗稱，只孫宴卽詐馬宴，則周伯琦之誤解也。蓋詐馬宴雖與新年詐會聖誕節祝宴等同爲只孫宴之一，但不可徑稱爲只孫宴。因而新年宴會，聖誕祝宴，爲只孫宴，而不能稱爲詐馬宴。

詐馬宴，爲上都所行之宴會。此爲蒙古固有之舊俗，而漢士無之。然元史卷七七祭祀志國俗舊禮條，無此記事。又全部元史中，亦不見有詐馬二字。所以詐馬宴一事，從來學者，皆未注意也。

元代有類似詐馬者，爲名貴由赤(Güyükei)之競走。輟耕錄（卷一）詳載其情形云：

貴由赤者，快行是也。每歲一試之，名曰放走。以脚力便捷者膺上賞。故監臨之官，齊其名數，而約之以繩，使無後先參差之爭。然後去繩放行。在大都則自河西務起程。若上都則自泥河兒起程。越三時，走一百八十里，直抵御前。俯伏呼萬歲。先至者賜銀一餅。餘者賜段匹有差。

楊瑀之山居新話，亦有與此大同小異之記事。但其末文記載較詳。曰：「頭名者賞銀一定，第二名賞段子四表裏，第三名賞二表裏，餘者各一表裏。」楊允孚之灤京雜詠一百詩中，一詩之註曰：「灤河至上京二百里，走者如貴赤，黎明放自灤河至御前，已初中刻者上賞。」亦記此事者。由此可知，詐馬爲騎馬競走，貴由赤爲徒步競走也。前者惟在上都行之，距離只二十里。後者行於兩都之間，距離至百八十里。兩者皆爲尙武的遊技，已無待言。元代護衛京城之一軍隊，有貴赤（貴由赤之略）衞。其衞士殆卽貴由赤，元朝怯薛考中已言之矣。

前述清代塞宴四事之一，有騎額爾敏達騂，譯爲「騎生駒」或「教駣」。達騂爲二三歲之駒之意。額爾敏有「不馴」「不堪鞍勒」之意。故乾隆帝詩有「二歲爲駒不勝鞍，三歲爲駣始堪教」之句，卽訓練生駒也。蒙古諸王公子，善於訓練散逸於原野之羣駒，帝觀其妙技而樂之也。元代亦有類此之事。山居新話有一段，可爲其證。

國朝有禁，每歲車駕巡幸上都，從駕百官不許騎坐騸馬，唯騎答罕馬。（答罕二歲駒也）延祐間，拜住丞相嘗騎驟子出入。今則此禁稍緩。

答罕，蒙古語 dagha, daghan 之譯音，與熱河志之達騂（滿洲語 dahan）同。元朝從駕百官，不許騎坐騸馬（去勢之馬）而使騎答罕馬，其目的不詳；殆使於往復上都之間，訓練生駒者歟？果爾，殆亦一種教駣也。扈從之百官，騎答罕馬往上都者，卽使作往上都之教駣者，亦未可知。若然，則元代上都，已有騎生駒之事。後至清朝，遂成爲塞宴四事之一而著名也。

元代與清代，雖同名爲詐馬，或詐馬宴；其中又稍不同。元代之競馬，雖不明瞭；但詐馬行序中所謂「自城外列隊馳入禁中」者，殆競馬之儀式化者。其詩有「揚鑣迅策無留蹤，一躍千里眞游龍」等句，實形容其走馬而來御前者。但騎馬者，爲宿衛大臣及近侍，不似清代之爲幼童。到禁中時，奏大樂，陳百戲。而角觝之戲，清代詐馬宴尚仍其舊。所惜者元代宴馬宴事，槪傳於詩人之筆，皆以修辭爲主，不能知其眞相，不免有隔靴搔癢之憾。只得俟他日補訂之。